Educación emocional en la enseñanza

Educación emocional en la enseñanza

Mercedes Fernández Correas
Sara Jiménez Jiménez
Silvia López García

Paraninfo | ESPECIALIDADES FORMATIVAS

Paraninfo

© Autoras: Mercedes Fernández Correas, Sara Jiménez Jiménez y Silvia López García

© Ediciones Paraninfo, SA, 2025
1.ª edición, 2025

C/ Sierra de Guadarrama 35. Naves 2, 3, 4 y 5
Pol. Ind. San Fernando II,
28830 San Fernando de Henares
Teléfono: 914 463 350
clientes@paraninfo.es / www.paraninfo.es

Producción: Ediciones Nobel
Diseño: Eva Zuazua
Maquetación: Sonia del Río

Impreso en España
Liberdigital (Casarrubuelos, Madrid)

ISBN: 978-84-283-6763-9
Depósito legal: M-7447-2025

(31.022)

La editorial recomienda que el alumnado realice las actividades sobre el cuaderno y no sobre el libro.

El presente libro desarrolla el Módulo Formativo de **Educación emocional en la enseñanza** (Código: **SSCE158PO**), con una duración de 20 horas. Pertenece a la familia profesional de Servicios Socioculturales y a la Comunidad, y está asociado al área profesional de Formación y Educación.

La estructura organizativa de sus contenidos corresponde fielmente a la establecida por la normativa vigente y más concretamente a los contenidos del Módulo Formativo de **Educación emocional en la enseñanza**.

Las unidades del libro se acompañan de multitud de **recursos didácticos** que ayudarán a la mejor comprensión de la materia de estudio:

- Desarrollo del currículo oficial.
- Lenguaje claro y sencillo que favorece la comprensión.
- Explicaciones exhaustivas y rigurosas, pero también amenas y asequibles.
- Gran cantidad de fotografías y tablas explicativas.
- Argot técnico con los términos más relevantes para facilitar su consulta.
- Actividades finales de comprobación de tipo test y actividades de aplicación en todas las unidades.

Este libro cuenta con el **solucionario** de las actividades incluidas en el libro al que puede accederse previo registro, desde la ficha web de este libro en www.paraninfo.es.

Solucionario disponible en
www.paraninfo.es

Contenido

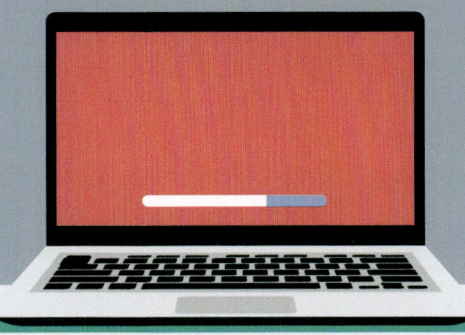

Introducción

El objetivo de esta especialidad formativa es que conozcamos y aprendamos a favorecer el desarrollo integral de nuestro alumnado, potenciando el conocimiento, el reconocimiento y la educación de las emociones y en las emociones. Este proceso formativo está diseñado para proporcionar a las y los estudiantes las herramientas necesarias para entender y gestionar sus emociones de manera efectiva. A través de este enfoque, se busca que cada persona pueda desarrollar una comprensión profunda y significativa de sus propios estados emocionales, así como de los de las y los demás, promoviendo un ambiente de aprendizaje más inclusivo y comprensivo.

Las emociones son estados afectivos que todas las personas experimentamos y que juegan un papel esencial en nuestra vida cotidiana. Gracias a ellas, somos capaces de experimentar innumerables sensaciones y cambios que están directamente relacionados con nuestras propias vidas y experiencias personales. Estos estados afectivos nos permiten conectarnos con los demás y con nuestro entorno de maneras profundas y significativas. La formación en este ámbito busca que cada persona pueda identificar, nombrar y regular sus emociones de manera adecuada, lo cual es fundamental para un desarrollo integral y equilibrado.

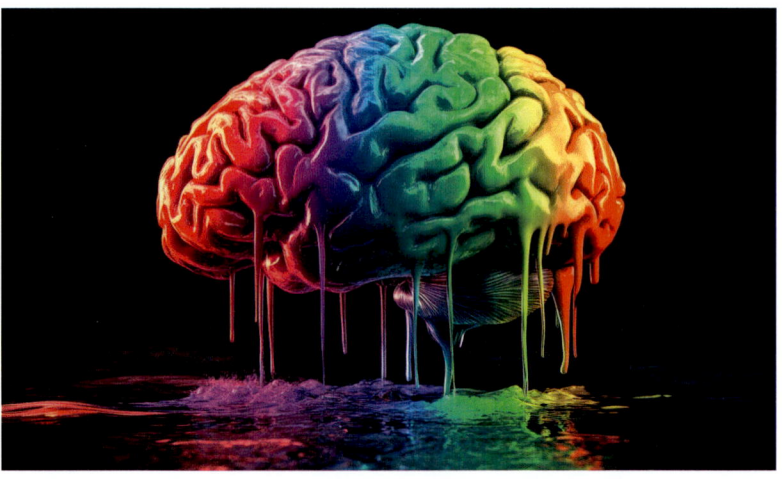

Nuestro cerebro controla nuestras emociones.

Nuestro cerebro controla nuestras emociones. Más específicamente, una parte muy concreta del cerebro es la que lo controla, el sistema límbico. En este sistema nos encontraremos con un área compuesta por tres estructuras cuya función se relaciona directamente con el aprendizaje, las respuestas emocionales y la memoria.

El sistema límbico es fundamental para que podamos procesar y responder adecuadamente a nuestras emociones, facilitando el aprendizaje y la formación continuos. Conocer cómo funciona este sistema y cómo influye en nuestras emociones es crucial para poder manejarlas de manera efectiva y saludable.

Sin embargo, no en todas las etapas de nuestra vida sentimos las mismas emociones, ni de la misma forma, ni con la misma intensidad. Durante la infancia, la adolescencia, la edad adulta y la vejez, las emociones y su manejo pueden variar significativamente. Por ejemplo, los niños y las niñas pueden experimentar las emociones de manera más intensa y menos regulada, mientras que los y las adolescentes pueden enfrentarse a cambios emocionales debido a los procesos hormonales y sociales que atraviesan. En la edad adulta, las personas pueden tener una mayor capacidad para regular sus emociones, pero también pueden enfrentarse a estrés y responsabilidades que afectan su bienestar emocional. Finalmente, en la vejez, las emociones pueden estar influenciadas por la experiencia y la perspectiva de vida, así como por cambios físicos y sociales. Esta variabilidad es lo que hace imprescindible abordar el tema de la educación emocional en la enseñanza, con un enfoque que considere la diversidad de experiencias y etapas de desarrollo de todas las personas.

La educación emocional en la enseñanza es crucial porque todas las personas estamos en un proceso permanente de aprendizaje a lo largo de toda nuestra vida. Este enfoque formativo no solo busca mejorar el bienestar emocional del alumnado, sino también fortalecer sus habilidades para la vida, incluyendo la resiliencia, la empatía y la capacidad de establecer relaciones saludables y constructivas. Al integrar la educación emocional en el currículo educativo, se fomenta un entorno de aprendizaje más inclusivo y comprensivo, donde cada estudiante puede desarrollar su potencial al máximo. Esta integración es especialmente importante en un mundo cada vez más interconectado y diverso, donde la capacidad de comprender y manejar las emociones propias y ajenas es esencial para la convivencia y la cooperación.

Las emociones son una parte importante de nuestras vidas.

En conclusión, esta especialidad formativa tiene como objetivo proporcionar una comprensión profunda y práctica de la importancia de las emociones en nuestras vidas. A través de un enfoque holístico y continuo, se busca equipar a las y los estudiantes con las habilidades necesarias para navegar por sus emociones de manera efectiva, contribuyendo así a su desarrollo integral y a su capacidad para enfrentar los desafíos de la vida con una actitud positiva y proactiva. La educación emocional es un componente esencial de la educación integral, y su incorporación en la enseñanza permite que los y las estudiantes no solo adquieran conocimientos académicos, sino también habilidades vitales para su bienestar y éxito en la vida. Promover el conocimiento y la gestión de las emociones en el ámbito educativo es, por tanto, una inversión en el futuro de nuestra sociedad, ya que contribuye a formar individuos más conscientes, empáticos y resilientes.

Las emociones y sus características en las distintas etapas evolutivas

En esta unidad se estudia cómo las emociones cambian y se desarrollan a lo largo de la vida, desde la infancia hasta la adultez. Cada etapa evolutiva presenta particularidades emocionales que están influenciadas por el crecimiento físico, cognitivo y social. Comprender estas características permite a los educadores diseñar estrategias que favorezcan el desarrollo emocional adecuado, promoviendo la autorregulación, la empatía y el bienestar en cada etapa.

1.1. ¿Qué son las emociones?

Las emociones son estados afectivos que experimentamos y que juegan un papel fundamental en la vida de cualquier ser humano. Gracias a ellas somos capaces de experimentar innumerables sensaciones y cambios en nuestras vidas. Estas sensaciones abarcan desde la alegría hasta la tristeza, pasando por el miedo, la sorpresa, la ira, entre muchas otras.

Las emociones nos permiten conectarnos con nuestro entorno y con los y las demás, ayudándonos a reaccionar de manera adecuada ante diferentes situaciones y experiencias. La formación en el manejo y comprensión de las emociones es esencial para el desarrollo integral de cada persona.

Figura 1.1. Las emociones nos permiten conectarnos con nuestro entorno.

Nuestro cerebro genera emociones como respuesta a un acontecimiento o situación que vivimos, bien sea de forma interna o externa. Y curiosamente, una misma situación, un mismo hecho o una misma imagen puede generar diferentes emociones en cada persona. Esto se debe a la singularidad de nuestras experiencias, percepciones y contextos individuales, lo que hace que, aunque podamos hablar de diferentes clasificaciones de las emociones humanas, tengamos que entender que, al mismo tiempo, estas son únicas. Esta unicidad nos obliga a abordar la educación emocional de manera personalizada, reconociendo la diversidad de experiencias y respuestas emocionales en cada individuo.

Además, en función de en qué momento de nuestra vida nos encontremos, tanto en el ámbito biológico y físico como en el mental, no sentimos las mismas emociones, ni tampoco con la misma intensidad. Esto influye directamente en la forma en la que las afrontamos y las entendemos. Por ejemplo, durante la infancia las emociones pueden ser más intensas y menos reguladas, mientras que en la edad adulta la capacidad para manejar las emociones puede ser mayor debido a la experiencia y la madurez. Esta variabilidad a lo largo del ciclo de la vida subraya la importancia de una formación emocional adaptativa y continua, que considere las diferentes etapas de desarrollo y sus respectivas necesidades emocionales.

Podemos definir lo que es una emoción como «un estado complejo del organismo caracterizado por una excitación o perturbación que predispone a la acción», tal y como señala Bisquerra. Esta definición destaca la naturaleza dinámica y activa de las emociones, las cuales no solo afectan a nuestro estado interno, sino que también nos impulsan a actuar de ciertas maneras en respuesta a nuestras experiencias emocionales.

Figura 1.2. Las emociones nos hacen actuar según nuestras experiencias.

1.2. Concepto multidimensional de la emoción

Es importante que, antes de profundizar en todo este contenido, entendamos que la emoción es un concepto **multidimensional,** que se refiere a una variedad de estados por los que puede pasar una persona y, en algunos casos, de forma solapada entre sí. Esta multidimensionalidad implica que las emociones no son fenómenos unidimensionales, sino que abarcan múltiples aspectos de nuestra experiencia y comportamiento. De ahí que es crucial diferenciar entre tres conceptos básicos:

- Procesamiento emocional: es un fenómeno psicofisiológico del cuerpo. En el cerebro se produce un fenómeno neuronal, automático, del que no somos conscientes y que se activa sin que podamos controlar. Este procesamiento subyacente es la base sobre la cual se construyen nuestras experiencias emocionales conscientes.

- Experiencia emocional: es el efecto del procesamiento emocional. Aquí sí somos conscientes y aparece el componente cognitivo, porque tomamos conciencia de la reacción psicofisiológica y mental que experimentamos en una emoción. Esta conciencia nos permite reflexionar sobre nuestras emociones, interpretarlas y asignarles un significado dentro del contexto de nuestras vidas.

- Expresión emocional: es la manifestación externa de la emoción sentida. Esto se produce a través tanto de la comunicación verbal como no verbal de cada persona. Es decir, podemos observar dicha expresión, tanto en la cara de la persona, en su postura, en sus gestos, en su voz, en sus palabras, etc. Y, habitualmente, esta expresión coincidirá con el componente comportamental de esa persona. Porque actuará en función de su propio comportamiento y forma de ser. La experiencia emocional nos predispone a actuar ante la experiencia emocional, pero ya no forma parte de la propia emoción en sí, sino que es la acción o reacción que tengamos tras haberla sentido.

Un ejemplo para que entendamos este proceso sería el de ver u oír algo que nos haga sentir una emoción de alegría inmensa. Y que nos haga levantarnos de la silla donde estemos sentados/as, sonreír, reír, agitar los brazos, saltar, aplaudir, etc. Las acciones o reacciones ya no forman parte directa de la emoción, aunque se prolonguen durante un corto periodo de tiempo. Esta secuencia ilustra cómo las emociones nos mueven y nos impulsan a actuar, reflejando la profunda conexión entre nuestros estados internos y nuestras expresiones externas.

Figura 1.3. Emo(ra)cional.

1.3. Factores que influyen en el comportamiento emocional

Al hablar del **comportamiento emocional**, podemos distinguir diversos factores que influyen en él. Entre los más destacados están:

- <u>Edad</u>: influye directamente en cómo la persona interpreta y controla las emociones. Si el desarrollo de la persona es adecuado, a medida que va creciendo en edad, se generará un crecimiento en las habilidades y competencias emocionales. Sin embargo, si se da alguna circunstancia en su época de crecimiento que afecte directamente a su desarrollo emocional, desde un punto de vista interpersonal o intrapersonal, puede haber carencias y dificultades para entender, reconocer y afrontar determinados tipos de emociones en la persona.

■ <u>Temperamento</u>: lo entendemos como la disposición que caracteriza un tipo de respuesta determinada por parte de cada persona. Podemos medirlo incluso en parámetros como la reactividad, la intensidad y la latencia o la duración de las respuestas emocionales.

— **Reactividad:** la manera en la que las personas alteran su comportamiento frente a una emoción. Estos cambios pueden ser positivos o negativos. Es la reacción más automática que podemos observar en una persona frente a una situación que la altere.

— **Intensidad**: define en qué nivel estamos viviendo, sintiendo, experimentando lo que sentimos. Con qué potencia y cómo llega a afectarnos.

— **Latencia**: nos referimos al tiempo que tardamos en reaccionar ante la emoción sentida y, también, al tiempo durante el que se puede mantener la respuesta emocional ante la emoción experimentada.

Esto nos lleva a la conclusión de que el temperamento y los elementos que lo componen influyen directamente en la expresión de las emociones de cada persona y en el control o descontrol que puede llegar a experimentar ante las mismas. En numerosas investigaciones se relaciona directamente lo que comúnmente llamamos un carácter difícil o un temperamento difícil con los problemas de conducta de las personas. Esto puede incluir una alta reactividad (mayormente negativa), dificultad para adaptarse a los cambios y manifestación de respuestas muy intensas, lo que puede desembocar en problemas de atención, mayor tendencia a la ira, poco control de la agresividad, etcétera.

Figura 1.4. El temperamento influye en la expresión de las emociones.

De todas formas, hay que tener en cuenta que la disposición temperamental de las personas puede estar guiada por diferentes factores externos a ellas, porque aspectos como el contexto social y educativo en el que se han desarrollado influyen directamente sobre este factor.

Aquí podemos indicar que, en edades tempranas de la persona, la **habilidad** de los/as progenitores/as para limar los aspectos temperamentales que pueden ser desadaptativos es fundamental para evitar que se produzca un problema de comportamiento, de adaptación o de cualquier otro tipo en un futuro, aunque ya sabemos que no es garantía, porque las variables del desarrollo vital de cada persona son múltiples y complejas.

A la tarea educativa de los/as progenitores/as sobre los/as hijos/as se le suma su papel como modelos o referentes del/la niño/a. A este tipo de aprendizaje se le denomina **aprendizaje observacional o vicario**. Y este aprendizaje por observación ayuda al mantenimiento de los patrones emocionales y conductuales de los/as progenitores/as.

Los/as niños/as, al observar y modelar las conductas de sus cuidadores, internalizan formas de reaccionar emocionalmente y de comportarse ante diversas situaciones. Esto subraya la importancia de que los/as cuidadores/as sean conscientes de sus propias emociones y comportamientos, ya que estos serán replicados por los/as menores en su propio desarrollo emocional y conductual.

La educación emocional es crucial en todas las etapas de la vida porque nos permite desarrollar una mejor comprensión y manejo de nuestras emociones. Este tipo de educación no solo se enfoca en el conocimiento teórico de las emociones, sino también en la práctica de habilidades que nos ayudan a regularlas de manera efectiva. Aprender a identificar, expresar y gestionar nuestras emociones es fundamental para nuestro bienestar y para nuestras interacciones con los y las demás. Además, la educación emocional nos prepara para enfrentar los desafíos de la vida con una mayor resiliencia y adaptabilidad, contribuyendo así a nuestro crecimiento personal y profesional.

Figura 1.5. La educación emocional es importante en todas las etapas de la vida.

1.4. Emociones y culturas

Vivimos en un mundo diverso y unificado al mismo tiempo. Esta ambivalencia nos hace querer formar parte del colectivo (al completo), pero al mismo tiempo nos queremos mantener como únicos/as y sentirnos afirmados/as como personas. Esta dinámica influye profundamente en nuestra formación y en cómo experimentamos y expresamos nuestras emociones.

A pesar de la globalización, del intercambio de culturas, de la capacidad de adaptación a otros espacios, colectivos y sociedades, el ser humano mantiene determinadas costumbres, ritos, tradiciones, actividades y prácticas, que son representativas de ciertas culturas en mayor medida que en otras. Estas particularidades culturales también influyen en nuestro desarrollo personal y hacen que nuestra forma de entender la vida se pueda asociar a determinadas culturas concretas.

Por ejemplo, todavía aún hay muchas culturas en nuestro mundo que tienen tipificados aspectos relacionados con la sexualidad de las personas. Esto hace que podamos seguir observando conductas y tendencias asociadas al ámbito femenino, o masculino.

Figura 1.6. Las emociones se ven influenciadas por nuestra cultura y nuestras creencias.

En el terreno de las emociones y su expresión también sucede. A pesar de los avances sociales que estamos viviendo en estos últimos tiempos, sigue habiendo creencias que asocian las emociones con lo femenino, y que las rechazan en el área masculina. Lo cual es, sencillamente, un error de concepto. Sería como querer creer que, en función del sexo de la persona, se puede sentir o no una emoción determinada cuando, en realidad, todos los cerebros tienen la misma capacidad, y nuestro cerebro, por mucho que nos cueste creerlo, prácticamente funciona solo y ajeno a nuestra propia existencia.

Por lo tanto, podemos decir que nuestro comportamiento emocional está determinado por un conjunto de **creencias** y esquemas mentales y sociales que definen cómo debemos responder ante ciertas situaciones. Las emociones se ven influenciadas por nuestra cultura y nuestras creencias, lo que determina en gran medida cómo las expresamos y las gestionamos. La diversidad cultural enriquece nuestra comprensión de las emociones, pero también nos presenta desafíos en cuanto a la aceptación y el respeto de las diferentes formas de expresión emocional.

1.5. Las emociones en la infancia

Las emociones en los/as niños/as cumplen un papel fundamental en su propia supervivencia, ya que a través de ellas son capaces de mostrar y transmitir sus necesidades. Puede sonar muy alarmante, pero tengamos en cuenta que, en el periodo de 0 a 3 años, los/as niños/as no pueden expresar verbalmente qué es lo que les está ocurriendo en cada momento. Por lo tanto... ¡menos mal que pueden expresar lo que sienten sin palabras!

Figura 1.7. Las emociones infantiles son diferentes a las de otra edades.

Según Adam y cols. (2003), en el periodo de 0 a 3 años, «las emociones se encuentran en su estado más natural, espontáneo y sincero». Esto nos puede reflejar el **carácter innato** de las emociones, ya que los/as bebés no tienen la suficiente experiencia ni vivencia para influir sobre ellas, controlarlas o afrontarlas.

Las emociones infantiles son diferentes a las de las demás personas en otras edades, porque son menos variadas, mucho más intensas y más versátiles. Esto hace que varios autores/as piensen que la mejor forma de conocerlas es a través del estudio de las expresiones faciales y las reacciones fisiológicas que las acompañen. Las emociones de los/as niños/as, aunque intensas, son genuinas y sinceras, ofreciendo una ventana única para estudiar el desarrollo emocional humano en sus primeras etapas.

Las emociones se desarrollan y evolucionan siguiendo los siguientes aspectos:

- Durante el primer mes de vida, el/la niño/a expresa sobre todo las dos emociones básicas de agrado y desagrado.

- A los dos o tres meses siguientes, es cuando empieza a aparecer la expresión de emociones como el miedo, la ira, la tristeza, el placer, etcétera.

- A los dos años, aproximadamente, es cuando se termina este ciclo de proliferación y aparición de las emociones, llegando a expresar otras emociones más complejas como la vergüenza, los celos, la culpa, etcétera.

- A partir de este momento, comienza la evolución de las emociones en cuanto a su control y conocimiento.

Según Molina y cols. (2010), los rasgos característicos de las emociones en los/as niños/as son los siguientes:

1. Intensidad: las emociones son intensas independientemente de la magnitud de las experiencias vividas por los niños, ya que responden con la misma intensidad ante todas.

2. Aparición con frecuencia: las emociones son frecuentes en los niños y con el paso del tiempo van aprendiendo que sus explosiones emocionales provocan determinadas reacciones en los demás.

3. Transitoriedad: son capaces de pasar rápidamente de una emoción a otra, del llanto a la risa, de los celos al cariño, etcétera.

4. Reflejo de individualización: al nacer, las reacciones suelen ser similares en todos los niños, pero según van creciendo empiezan a reflejar la influencia de los aprendizajes entre ellos.

5. Cambio en la intensidad: según pasa el tiempo, existen emociones que se debilitan, mientras que otras se fortalecen.

6. Detectables a través del comportamiento: a veces las emociones no se expresan de forma directa, pero son identificables por la inquietud que transmitan, el llanto, dificultades de aprendizaje, desarrollo, etcétera.

1.6. Las emociones en la adolescencia

Si avanzamos en el tiempo, llegamos a la adolescencia y aquí nos encontramos con algunas variaciones con respecto a los rangos de edad que se cubren.

Según la Real Academia Española, la *adolescencia* es la «edad que sucede a la niñez y que transcurre desde la pubertad hasta el completo desarrollo del organismo».

Pero, por otra parte, la Organización Mundial de la Salud la define como «el periodo de crecimiento y desarrollo humano que se produce después de la niñez y antes de la edad adulta, entre los 10 y los 19 años».

Así que vamos a dejar a un lado este aspecto cuantitativo, y vamos a centrarnos en el tema que tratamos.

La adolescencia es una etapa crucial y de grandes cambios tanto a nivel físico, mental como comportamental. Es en esta etapa donde empieza a crearse la personalidad de cada uno/a, y se empiezan a establecer determinados esquemas mentales que pueden llegar a perdurar en el tiempo. El desarrollo biológico de la adolescencia es patente y universal, esto lo tenemos claro, pero su duración y características varían según culturas, sociedades, contextos, familias, creencias, ideologías, factores económicos y formativos.

En esta etapa, nos encontramos con un periodo del desarrollo en el que se producen diversos y rápidos cambios, que son muy significativos para la persona y que se traducen en diferentes alteraciones. Hay una modificación importante en la personalidad y en la dificultad o facilidad de establecer relaciones adaptativas con su entorno, sobre todo con las personas adultas. Y debido a estas características de la adolescencia, se le conoce como el periodo crítico del desarrollo del ser humano.

Figura 1.8. La adolescencia es una etapa de grandes cambios.

Por ejemplo, según la OMS, durante el siglo pasado, se han registrado muchos cambios en relación con esta etapa vital. En particular, el inicio más temprano de la pubertad, el retraso de la edad del matrimonio, la mundialización de la comunicación y la evolución de las actitudes y prácticas sexuales de las personas.

La **teoría psicoanalítica** nombra a la adolescencia con el término de *pubescencia*. En esta teoría se describe que durante la pubescencia se producen los cambios corporales asociados con las funciones propias de reproducción y, al mismo tiempo, se activa el instinto sexual, elemento psicológico correspondiente a las energías libidinales que necesitan la descarga de la tensión, junto con otros fenómenos típicos de esta etapa.

Durante la adolescencia, se empieza a tener más consciencia sobre las **emociones**. Aquí los miedos infantiles, las rabietas y los llantos sin sentido, se van dejando atrás y pasamos a una etapa que será decisiva en la vida de las personas y que marcará su personalidad futura.

La fluidez de los sentimientos durante la adolescencia es otra característica que marca esta etapa, siendo estas muy variadas. Se puede decir que, en este periodo encontramos a la vez grandes momentos de euforia y de desánimo máximo en las personas. Todo debido a los conflictos internos por los que pasará.

A esto es a lo que se denomina **conducta adolescente,** que se caracteriza por tener labilidad emocional, es decir, aparecen un conjunto de alteraciones en la manifestación de la afectividad, que se refleja en sus comportamientos imprevisibles, incoherentes, y explosiones emocionales intensas ante eventos de poca importancia, es decir, la reacción emocional ante la situación que la genera es desproporcionada (lo que conocemos por hiperreactividad emocional).

En realidad, estos cambios son propios de la evolución y desarrollo personal, donde el aprender qué son las emociones, cómo controlarlas y regularlas, es una tarea importante que debe desarrollar cada persona.

Otro aspecto que se debe considerar son los **cambios hormonales** que sufren los/as adolescentes durante esta transición de la niñez a la adultez, y que influyen en sus estados emocionales y en la regulación y modulación de los mismos. Estos cambios hormonales son importantes, pero no suficientes para explicar los cambios de humor en la persona adolescente, ya que las preocupaciones por su aspecto físico, encajar o no encajar entre sus iguales, la carga que pueden suponerle los estudios, o el simple y mero hecho de "crecer", puede provocarles estrés y ansiedad, que pueden expresan con emociones de enfado, rabia, frustración, etc., en el caso de sentirse incapaces o inferiores en comparación con el resto.

Los adolescentes se encuentran «**en tierra de nadie**,» ya que, por un lado, pueden sentir sentimientos de sobrestimación, queriendo llegar a ser una persona excepcional, y por otro lado, sentir una enorme decepción y menosprecio por sí mismos, generado por la duda que tienen sobre sus propias aptitudes y habilidades derivadas de la comparación con otros iguales.

En esta etapa es muy probable que aparezcan tanto complejos de superioridad y alta autoestima, como complejos de inferioridad y baja autoestima, ya que cualquier comentario del grupo de referencia, el grupo de iguales, les puede afectar más de lo que parezca desde la perspectiva de las personas adultas.

Estos factores son los que hacen que surja la necesidad de independizarse de la familia y forjar una identidad e independencia propias. Y esta necesidad, la expresa la persona a través de conductas contradictorias con sus progenitores/as, negativismo y oposicionismo ante las posibles normas y reglas marcadas en su casa, en su centro de estudios o en la sociedad en la que viven de forma general.

1.7. Las emociones en la edad adulta y la vejez

Cuando llegamos a la edad adulta, nos encontramos aproximadamente en la mitad de nuestra vida, y ya son muchas las experiencias vividas y muchas más las que nos quedan por vivir. En este periodo, la persona posiblemente se enfrenta a nuevas situaciones que le hacen adquirir mayores responsabilidades (trabajo, casa, familia, amistades, etc.), por lo que es común que afloren emociones conocidas (o no) hasta el momento, pero que persistan en el tiempo.

Generalmente, las personas adultas son capaces de controlar y comprender mejor sus emociones, sin embargo, también suelen hacer frente a situaciones más complejas o que, debido a su estado anímico, no saben manejar adecuadamente.

Figura 1.9. En la edad adulta podemos encontrarnos con emociones contradictorias.

En la madurez es común sentir miedo por el bienestar económico, por la estabilidad laboral, por el bienestar familiar, momentos de estrés causados en ocasiones por el exceso de responsabilidades, etc. Sin embargo, y en contraposición con las anteriores etapas, también es común sentir gratitud, alegría y felicidad que genera el bienestar producido por el fruto del trabajo, del esfuerzo realizado, de los objetivos alcanzados, del seno familiar construido, etc. En este caso, todo dependerá de qué aspectos han sido los que cada persona adulta ha puesto en mayor valor para considerar su vida más completa.

Por otra parte, si hablamos del **envejecimiento**, podemos definirlo de manera genérica como un proceso de deterioro físico y neuronal, donde se suman todos los cambios que se dan con el tiempo en un organismo vivo, y que conducen a alteraciones funcionales y, finalmente, a la muerte como proceso natural de la vida en sí misma.

Las **emociones** en esta etapa también experimentan ciertos cambios. Se ha demostrado la felicidad en personas mayores con mayor predominancia que en jóvenes, esto puede deberse a que, a diferencia del deterioro físico y cognitivo, el bienestar emocional se va incrementando con la edad, ya que en muchas ocasiones mejora la calidad de vida y se termina con elementos estresantes que ya no se mantienen llegados a estas edades.

Además de experimentar emociones positivas, también es común experimentar otras como la soledad, la superación del duelo por la pérdida de un ser querido o el miedo a la muerte. Estos cambios emocionales, aunque difíciles, son parte natural del ciclo de la vida y reflejan la profunda conexión entre nuestras experiencias vitales y nuestra respuesta emocional.

Figura 1.10. La felicidad predomina más en personas mayores que en personas jóvenes.

ACTIVIDADES

A continuación, se presentan afirmaciones sobre las emociones y sobre el tema que acabamos de tratar. Indica si cada una de ellas es verdadera (V) o falsa (F).

1. Vivimos en un mundo que es tanto diverso como unificado al mismo tiempo.

   (V) Verdadero

   (F) Falso

2. La globalización ha eliminado todas las costumbres y tradiciones culturales.

   (V) Verdadero

   (F) Falso

3. La expresión emocional está influenciada únicamente por el cerebro y no por la cultura.

   (V) Verdadero

   (F) Falso

4. Las emociones y su expresión todavía están a menudo asociadas erróneamente al género en muchas culturas.

   (V) Verdadero

   (F) Falso

5. La tolerancia a las emociones negativas es la única habilidad importante en el desarrollo emocional de los/as niños/as.

   (V) Verdadero

   (F) Falso

6. Según Adam y cols. (2003), las emociones en los/as niños/as entre 0 y 3 años son las más naturales, espontáneas y sinceras.

   (V) Verdadero

   (F) Falso

7. Los/as niños/as expresan las emociones de agrado y desagrado principalmente durante el primer mes de vida.

   (V) Verdadero

   (F) Falso

8. **Las emociones infantiles son menos variadas, pero más intensas y versátiles en comparación con otras edades.**

   (V) Verdadero

   (F) Falso

9. **Durante la adolescencia, no hay diferencias significativas en la duración y características del desarrollo emocional entre diferentes culturas.**

   (V) Verdadero

   (F) Falso

10. **La OMS señala que los cambios en la adolescencia incluyen un inicio más temprano de la pubertad y un retraso en la edad del matrimonio.**

    (V) Verdadero

    (F) Falso

11. **La labilidad emocional en la adolescencia se caracteriza por una estabilidad emocional constante.**

    (V) Verdadero

    (F) Falso

12. **Los cambios hormonales durante la adolescencia son los únicos responsables de los cambios de humor.**

    (V) Verdadero

    (F) Falso

13. **Durante la adolescencia, los/as jóvenes buscan independencia de su familia y forjan su propia identidad.**

    (V) Verdadero

    (F) Falso

14. **En la edad adulta, las personas generalmente no sienten emociones como el miedo o la gratitud.**

    (V) Verdadero

    (F) Falso

15. **El bienestar emocional tiende a aumentar con la edad, a pesar del deterioro físico y cognitivo.**

    (V) Verdadero

    (F) Falso

RESUMEN

Las emociones son estados afectivos que experimentamos y que juegan un papel fundamental en nuestras vidas. Son generadas por el cerebro en respuesta a diferentes situaciones y pueden variar significativamente entre individuos y a lo largo de la vida. Las emociones no solo afectan nuestro estado interno, sino que también influyen en nuestras acciones y reacciones. Existen tres conceptos básicos relacionados con las emociones: procesamiento emocional, experiencia emocional y expresión emocional. Diversos factores, como la edad y el temperamento, influyen en cómo interpretamos y controlamos las emociones. El contexto social y la observación de modelos a seguir, especialmente en edades tempranas, también juegan un papel crucial en el desarrollo emocional. La formación emocional es esencial para desarrollar habilidades que nos permitan manejar nuestras emociones de manera efectiva, contribuyendo a nuestro bienestar y crecimiento personal.

Las emociones y la cultura están profundamente interconectadas. A pesar de la globalización y el intercambio cultural, las personas mantienen costumbres y tradiciones específicas que influyen en su desarrollo personal y en su forma de entender la vida. Las creencias culturales afectan cómo las emociones son percibidas y expresadas, a menudo asociando ciertas emociones con géneros específicos, lo cual es un error conceptual.

En la infancia, las emociones son fundamentales para la supervivencia, ya que los/as niños/as no pueden expresar verbalmente sus necesidades. Las emociones en esta etapa son intensas, frecuentes y transitorias, reflejando la individualización a medida que crecen. En la adolescencia, se experimentan grandes cambios físicos y emocionales, marcados por la creación de la personalidad y la labilidad emocional. Los cambios hormonales y las preocupaciones sociales influyen en los estados emocionales, a menudo resultando en comportamientos imprevisibles.

En la edad adulta, las emociones se gestionan mejor, aunque las responsabilidades pueden generar estrés y ansiedad. Sin embargo, también se experimentan gratitud y felicidad por los logros alcanzados. En la vejez, las emociones tienden a ser más positivas, a pesar del deterioro físico y cognitivo. La felicidad es más predominante en personas mayores debido a la mejora en la calidad de vida y la eliminación de factores estresantes.

A C T I V I D A D E S   F I N A L E S

TEST DE EVALUACIÓN

1.1. ¿Qué son las emociones?

    a) Estados fisiológicos sin importancia en nuestras vidas

    b) Estados afectivos que experimentamos y juegan un papel fundamental en nuestras vidas

    c) Reacciones físicas sin relación con nuestras experiencias

    d) Comportamientos automáticos e incontrolables

1.2. ¿Qué parte del cerebro es responsable de generar emociones?

    a) Corteza cerebral

    b) Cerebelo

    c) Sistema límbico

    d) Tronco encefálico

1.3. ¿Qué factor NO influye directamente en el comportamiento emocional?

    a) Edad

    b) Temperamento

    c) Contexto social

    d) Grupo sanguíneo

1.4. ¿Qué se entiende por procesamiento emocional?

    a) La experiencia consciente de las emociones

    b) La manifestación externa de la emoción

    c) Un fenómeno psicofisiológico automático en el cerebro

    d) La acción resultante de la emoción

1.5. ¿Qué tipo de aprendizaje es fundamental en el desarrollo emocional de los niños y las niñas?

    a) Aprendizaje observacional o vicario

    b) Aprendizaje mecánico

    c) Aprendizaje por ensayo y error

    d) Aprendizaje memorístico

1.6. ¿Cuál de los siguientes NO es un parámetro del temperamento relacionado con las respuestas emocionales?

    a) Reactividad

    b) Intensidad

c) Latencia

d) Frecuencia cardíaca

1.7. ¿Qué es la experiencia emocional?

a) La predisposición a la acción

b) La manifestación externa de la emoción sentida

c) El efecto consciente del procesamiento emocional

d) La reacción automática del cuerpo ante una emoción

1.8. ¿Qué influye en nuestra forma de entender la vida y nuestro desarrollo personal según el texto?

a) La tecnología

b) Las tradiciones y costumbres culturales

c) La economía

d) La política

1.9. Según el texto, ¿qué error conceptual se comete al asociar emociones con géneros específicos?

a) Que solo las mujeres pueden sentir miedo

b) Que los hombres no pueden expresar tristeza

c) Que las emociones son innatas

d) Que el cerebro de cada género tiene diferentes capacidades emocionales

1.10. En la infancia, ¿qué papel cumplen las emociones para los/as niños/as?

a) Les permiten comunicarse verbalmente

b) Les ayudan a sobrevivir mostrando sus necesidades

c) Les enseñan a controlar sus acciones

d) Les proporcionan experiencias de vida

1.11. ¿Cómo se describe el estado de las emociones en el periodo de 0 a 3 años según Adam y cols. (2003)?

a) Controladas e influenciadas

b) Naturales, espontáneas y sinceras

c) Diversas y variadas

d) Complejas y desarrolladas

1.12. ¿Por qué las emociones infantiles son menos variadas y más intensas?

    a) Por la influencia de la educación

    b) Por la falta de experiencia y vivencias

    c) Por la influencia de la familia

    d) Por el entorno social

1.13. ¿Cuál es una característica de las emociones en la adolescencia?

    a) Estabilidad emocional

    b) Labilidad emocional

    c) Falta de conciencia emocional

    d) Ausencia de emociones complejas

1.14. ¿Qué nombre le da la teoría psicoanalítica a la adolescencia?

    a) Pubescencia

    b) Juventud

    c) Madurez temprana

    d) Infancia tardía

1.15. ¿Qué influye en los cambios emocionales durante la adolescencia además de los cambios hormonales?

    a) La nutrición

    b) Las preocupaciones sociales y académicas

    c) La estabilidad familiar

    d) El entorno natural

1.16. ¿Cómo se describe la conducta adolescente según el texto?

    a) Coherente y predecible

    b) Incoherente e imprevisible

    c) Tranquila y serena

    d) Controlada y estable

1.17. En la edad adulta, ¿qué factores pueden generar estrés y ansiedad?

    a) La falta de ejercicio físico

    b) Las responsabilidades laborales y familiares

    c) La ausencia de emociones

    d) La monotonía

1.18. ¿Qué emociones predominan en la vejez según el texto?

a) La tristeza y la soledad

b) La felicidad y el bienestar emocional

c) La ira y el resentimiento

d) La indiferencia y la apatía

1.19. ¿Por qué las personas mayores pueden experimentar una mayor felicidad?

a) Por la ausencia de cambios físicos y cognitivos

b) Por la mejora en la calidad de vida y la eliminación de factores estresantes

c) Por la influencia de los medios de comunicación

d) Por la ausencia de responsabilidades

1.20. ¿Qué emociones pueden experimentar las personas mayores además de la felicidad?

a) La ansiedad y el miedo al futuro

b) La soledad y el duelo por la pérdida de seres queridos

c) La euforia constante

d) La indiferencia total hacia la vida

2

El cerebro
y las emociones

Las emociones surgen de la interacción de diversas áreas del cerebro, como la amígdala, que gestiona las respuestas rápidas a estímulos emocionales, y la corteza prefrontal, encargada de regular y reflexionar sobre estas respuestas. Este vínculo muestra cómo las emociones influyen en el pensamiento, la memoria y el comportamiento, siendo fundamentales para la adaptación y las relaciones sociales. Comprender esta relación permite valorar el papel esencial del cerebro en la experiencia emocional diaria.

Nuestro cerebro es el responsable de controlar nuestras emociones. Concretamente, lo hace a través del sistema límbico. El concepto límbico fue acuñado por el científico Paul Broca para hacer referencia a un área compuesta por tres estructuras cuya función se relaciona directamente con el aprendizaje, las respuestas emocionales y la memoria.

De manera básica y general, nuestro cerebro está compuesto por dos hemisferios cerebrales (derecho e izquierdo) separados por una cisura llamada cisura longitudinal. Y nuestros hemisferios cerebrales se comunican entre sí a través del cuerpo calloso.

Para que entendamos mínimamente cómo está «construido» nuestro cerebro y cómo se organiza, vamos a ver algunos de los elementos que lo conforman y cómo se denominan. Así podremos ir entendiendo mejor la gran pregunta: ¿de dónde provienen nuestras emociones?

Además de esa gran división entre hemisferios, encontramos otras subdivisiones que van ordenando las diferentes partes de nuestro cerebro. Ya hemos nombrado la cisura longitudinal, pero también encontramos otras cisuras, como la de Rolando (o cisura central) y la de Silvio (o cisura lateral), que nos permiten subdividir la corteza cerebral en distintos lóbulos:

- Lóbulo frontal.

- Lóbulo parietal.

- Lóbulo temporal.

- Lóbulo occipital.

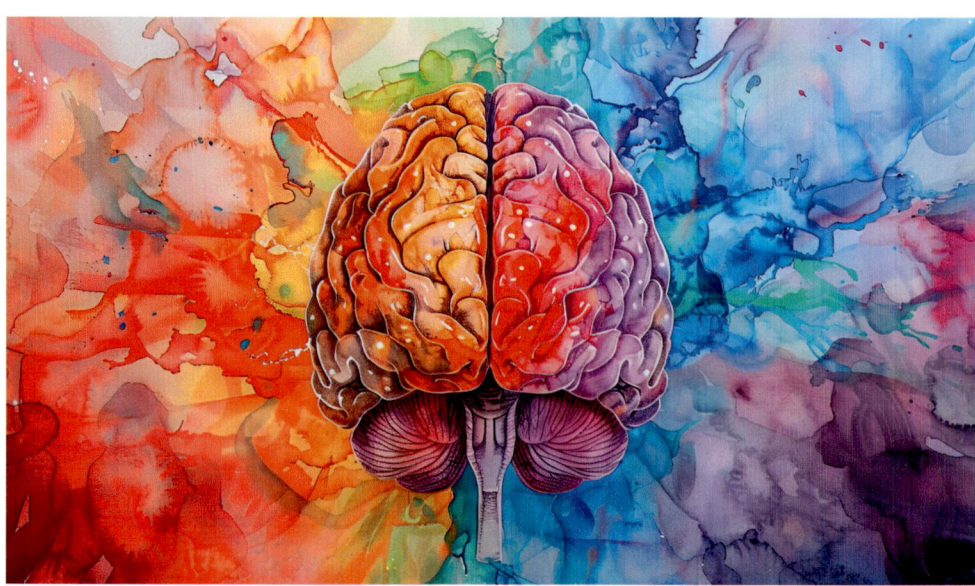

Figura 2.1. El cerebro se divide en cuatro lóbulos diferentes.

La cisura de Rolando separa el lóbulo frontal del lóbulo parietal, mientras que la cisura de Silvio separa el lóbulo temporal del parietal. Por último, el lóbulo occipital se separa del lóbulo parietal por el surco parietooccipital.

La corteza cerebral presenta rugosidades y se pliega sobre sí misma formando los surcos y circunvoluciones. Esto produce una serie de giros en la corteza, entre los que vamos a destacar los siguientes:

- Giro supramarginal: se encuentra en el lóbulo parietal y se encarga de los procesos de asociación y percepción.

- Giro angular: se encuentra en el lóbulo parietal y se encarga de funciones de lecto-escritura.

- Giro superior: se encuentra en el lóbulo temporal y se encarga de funciones de procesamiento multimodal, es decir, integra información de distinto tipo.

- Giro medio: también localizado en el lóbulo temporal y está relacionado con procesos de memoria.

- Giro inferior: está localizado en el lóbulo temporal. Junto con el giro medio, está relacionado con estructuras límbicas como el hipocampo y la amígdala.

2.1. El cerebro emocional

Hace ya mucho tiempo que sabemos que el cerebro humano no solo se dedica a hacer sumas y restas y a ayudarnos a hablar y a escribir, es decir, no solo realiza funciones cognitivas básicas. Nuestro cerebro es plástico y está en constante aprendizaje propio, por lo tanto, podemos decir abiertamente que nuestro cerebro también alberga centros de afectividad donde se procesan y experimentan las emociones.

Figura 2.2. Nuestro cerebro está en constante aprendizaje.

Los centros de afectividad se encuentran principalmente en el **sistema límbico**, que se sitúa entre la corteza cerebral y el hipotálamo, y comprende dos tipos de estructuras: las estructuras primarias y las estructuras secundarias.

Entre sus **funciones**, están los aspectos emocionales de la conducta, es decir, el control de las emociones, temperamentos e impulsos. A día de hoy, también sabemos que, el sistema límbico participa igualmente en procesos de memoria, pensamiento y personalidad. Lo cual hace que sea uno de los sistemas que se deben tener en cuenta cuando se habla de procesos de enseñanza-aprendizaje de la persona.

El sistema límbico está en constante interacción con la corteza cerebral. La transmisión de señales de alta velocidad permite que el sistema límbico y el neocórtex trabajen juntos, y esto es lo que nos ayuda a entender que podamos, o no, tener control sobre nuestras emociones.

Además, los lóbulos prefrontal y frontal juegan un papel esencial en la asimilación neocortical de las emociones, desempeñando dos funciones principales:

- Por un lado, moderan nuestras reacciones emocionales.

- Por otra parte, frenan las señales del cerebro límbico.

Estos dos lóbulos desarrollan planes de actuación concretos para situaciones emocionales. Por lo tanto, mientras que la amígdala del sistema límbico proporciona las reacciones básicas cerebrales para situaciones emocionales extremas, el lóbulo prefrontal se ocupa de la coordinación de nuestras emociones, tratando de organizar el pensamiento y razonando.

Veamos ahora algunos de los elementos que forman parte de nuestro cerebro y que participan de diferentes maneras, en nuestras emociones.

2.2. La amígdala

La amígdala tiene forma de almendra y se encuentra en la zona anteroinferior del lóbulo temporal. Se conecta con el hipotálamo, el núcleo septal, el área prefrontal y el núcleo medio dorsal del tálamo. Todas estas conexiones hacen que la amígdala cumpla varias funciones importantes para el ser humano:

- Procesamiento de las emociones.

- Expresión de las emociones.

- Regulación de la ingesta de alimentos.

- Regulación de la conducta sexual.

La amígdala es el centro de identificación del peligro, por lo tanto, es fundamental para la supervivencia de la persona. Pero no solo se encarga de eso, porque en el caso de cualquiera de las estructuras del cerebro encontramos dos tipos de conexiones con otras estructuras:

- Aferencias: es un sistema de entrada de información. Se encargan de recibir una información determinada en una estructura concreta.

- Eferencias: es un sistema de salida de información. Se encargan de mandar una información determinada a otra estructura concreta.

A su vez, la amígdala está dividida en función de sus núcleos, y, aunque tiene muchos, los principales serían los siguientes:

- Núcleos basolaterales: se encargan de darle el matiz emocional a los estímulos. Hay aferencias desde áreas sensoriales y de asociación en los lóbulos temporal e insular, mientras que las eferencias van al tálamo, núcleo central de la amígdala, corteza cerebral, córtex prefrontal, cíngulo e hipocampo.

- Núcleo central: se encarga de la expresión de las emociones. Hay aferencias que vienen de distintos núcleos talámicos, y eferencias que van al hipotálamo, tronco encefálico y formación reticular.

- Núcleos corticomediales: vienen aferencias procedentes de los bulbos olfatorios a través de la estría terminal y participan tanto en la ingesta de alimentos como en la conducta sexual. También mandan eferencias al hipotálamo y al tálamo.

2.3. El tálamo

En el tálamo, hay dos núcleos especialmente importantes: el núcleo medial dorsal y el núcleo medial anterior, sobre la regulación de la conducta emocional. Esta regulación no se debe al tálamo en sí mismo, sino a las conexiones entre estos núcleos con otras estructuras del sistema límbico. El núcleo medial dorsal también tiene conexiones con las zonas corticales del área prefrontal y con el hipotálamo.

2.4. El hipotálamo

El hipotálamo tiene amplias conexiones con otras áreas proencefálicas y con el mesencéfalo.

Las lesiones del hipotálamo interfieren directamente con las funciones vegetativas y la regulación térmica, la sexualidad, el hambre y la sed. Por tanto, es un factor que se debe tener en cuenta, puesto que el hipotálamo juega un papel crucial en las emociones, de manera que sus zonas laterales parecen estar relacionadas tanto con el placer como con la ira. No obstante, el hipotálamo se relaciona con la expresión de las emociones directamente.

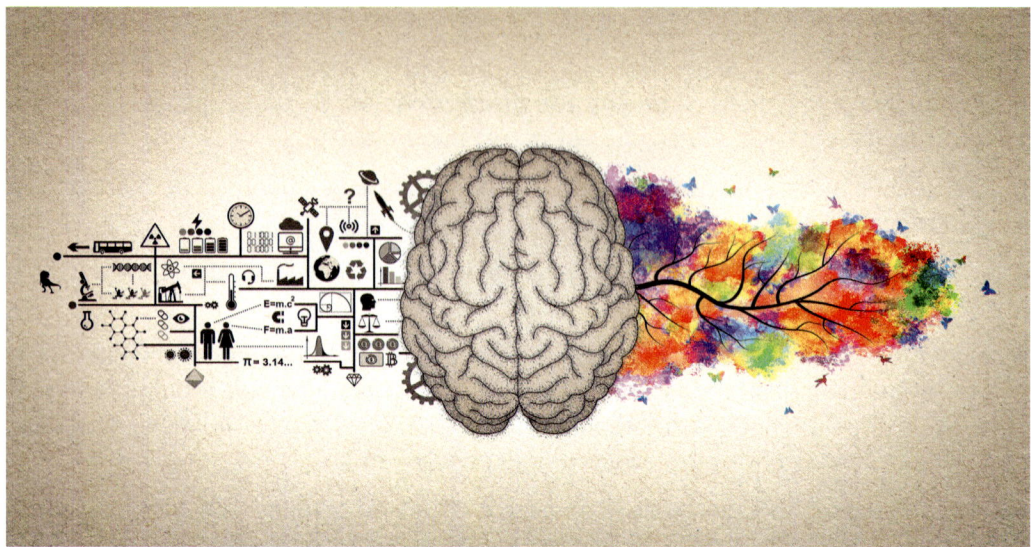

Figura 2.3. El hipotálamo tiene un papel muy importante en las emociones.

2.5. El hipocampo

El hipocampo está relacionado con funciones de consolidación, especialmente con la formación de la memoria a largo plazo y la memoria episódica. Si se destruyen ambos hipocampos, no se puede retener información.

Podemos hablar de **tres zonas principales**: el hipocampo, la circunvalación dentada y la circunvalación parahipocámpica. Y a su vez, en el hipocampo podemos distinguir tres capas celulares:

- Capa molecular: es la capa más externa y está formada por fibras y células diseminadas.

- Capa piramidal: es la más importante, formada por células piramidales que pueden llegar a formar cuatro hileras.

- Capa polimorfa: está formada por células piramidales con cuerpo ovoide.

Además, el hipocampo se puede dividir en cuatro zonas que reciben el nombre de asta o cuerno de Amón (*Cornu Ammonis*): **CA1, CA2, CA3 y CA4.** Después del hipocampo, comienza el giro dentado (o circunvalación dentada), donde aparecen capas de células granulares.

Presenta aferencias procedentes de **diferentes estructuras**, entre las que se encuentran:

- La corteza entorrinal: recibe muchas fibras de la corteza cerebral, que se encargan de procesar la información sensitiva y la información que les llega desde la corteza

asociativa. Cuando la información llega al giro dentado, la vía por donde se manda esta información se llama vía perforante.

- De aquí, se pasa la información al CA3 a través de fibras, y desde ahí van hasta CA1 a través de la fibra colateral de Schaffer. Por último, se vuelve a mandar toda la información a la corteza entorrinal y de ahí hasta el lugar de donde procedía la información.

- El *septum*: manda proyecciones hacia el hipocampo a través del fórnix.

- El hemisferio cerebral izquierdo: hasta el hemisferio derecho a través de la comisura hipocámpica.

- Circunvalación cingular: hasta el hipocampo.

Figura 2.4. El hipocampo se divide en cuatro zonas llamadas cuerpos de Amón.

2.6. El área tegmental ventral (VTA)

Esta área se localiza en la parte mesencefálica, en la que hay un grupo compacto de neuronas que secretan dopamina, y cuyos axones terminan en el núcleo *accumbens*. La estimulación eléctrica de esas neuronas produce sensaciones de placer. El núcleo *accumbens* es una pequeña región en el centro del cerebro que está vinculado a la habilidad de experimentar placer y recompensa.

2.7. El área septal y la corteza cingulada

El área septal, o *septum*, es un conjunto de núcleos que se encuentra antes del tálamo. Esta área ha sido asociada con diferentes tipos de sensaciones placenteras, en su mayoría aquellas relacionadas con las experiencias sexuales. En esta área podemos encontrar una membrana llamada *septum pellicium*, que se encarga de separar la parte anterior de los ventrículos cerebrales.

Aquí hay dos núcleos principales:

- Núcleo lateral: tiene aferencias que provienen del hipocampo a través del fórnix, y la eferencia que va al *septum* medial.

- Núcleo medial: es el más cercano al *septum pellicium*. Su principal aferencia proviene del *septum* lateral, y sus eferencias van al hipocampo a través del fórnix, al hipotálamo, a la amígdala y al mesencéfalo.

Como tiene proyecciones al hipocampo, se ha relacionado con procesos de aprendizaje y memoria, y la valoración de la expresión según el estado de ánimo. Gracias a las proyecciones al hipotálamo, amígdala y mesencéfalo, también se le ha relacionado con la agresión, conductas de huida y conductas sexuales.

La **corteza cingulada** tiene muchas proyecciones con el área prefrontal, y la podemos dividir en tres zonas:

- Zona dorsal: relacionada con los procesos de atención.

- Zona ventral: implicada en la emoción.

- Zona anterior: implicada en la toma de decisiones y selección de respuesta.

Además, la corteza cingulada se relaciona con el control de los procesos motores y motivacionales de la persona. La zona anterior interviene en la regulación de la conducta de la persona en función de sus intenciones, mediante la detección de los errores y señalando la aparición de conflictos durante el procesamiento de la información. Y en la región posterior, es donde se forma el componente emocional del sistema de la memoria. (Los recuerdos que nos generan emociones).

2.8. El área prefrontal

El área prefrontal comprende toda la región no motora del lóbulo frontal. No pertenece al circuito límbico tradicional, pero sus conexiones bidireccionales intensas con el tálamo, amígdala y otras estructuras subcorticales explican su importante rol en el origen y, especialmente, en la expresión de los estados afectivos.

Por ejemplo, cuando se produce una lesión en esta área, la persona pierde tanto su sentido de responsabilidad social como la capacidad de concentración y abstracción.

Figura 2.5. Nuestro cerebro es capaz de adaptarse de manera funcional al ambiente que le rodea.

2.9. La plasticidad cerebral

Nuestro cerebro tiene la capacidad de la regeneración anatómica y funcional de las células nerviosas, como consecuencia de estímulos ambientales. Es decir, esta capacidad se refiere a la adaptación del sistema nervioso ante cambios en su medio externo e interno.

El objetivo de esta capacidad es mejorar la adaptación funcional al medio ambiente, por lo que se producirán respuestas más complejas cuanto más demandantes sean los estímulos recibidos. Para ello, nuestro cerebro tiene una reserva de neuronas para modular la entrada y la salida de información, así como el nivel de complejidad de las respuestas.

Durante la infancia temprana, por un breve periodo de tiempo, los circuitos de la corteza cerebral presentan un alto estado de mecanismos de plasticidad, lo que nos indica que se están produciendo todas esas adaptaciones que podemos observar. En este periodo crítico, la ausencia de experiencias sensoriales puede tener serias consecuencias funcionales para la persona, de la misma manera que mantener un alto nivel de estimulación puede producir la incorporación de gran cantidad de información útil para la vida adulta.

El crecimiento y el desarrollo de los/as menores no es solamente de tipo físico, sino que desde el nacimiento aprenden nuevas habilidades de distinto tipo. La evolución de un/a niño/a se puede seguir en la manera que tiene de jugar, de aprender, de comportarse, etc. Es decir, el cerebro madura y sus manifestaciones van siendo distintas en función de la etapa de crecimiento en la que nos encontramos.

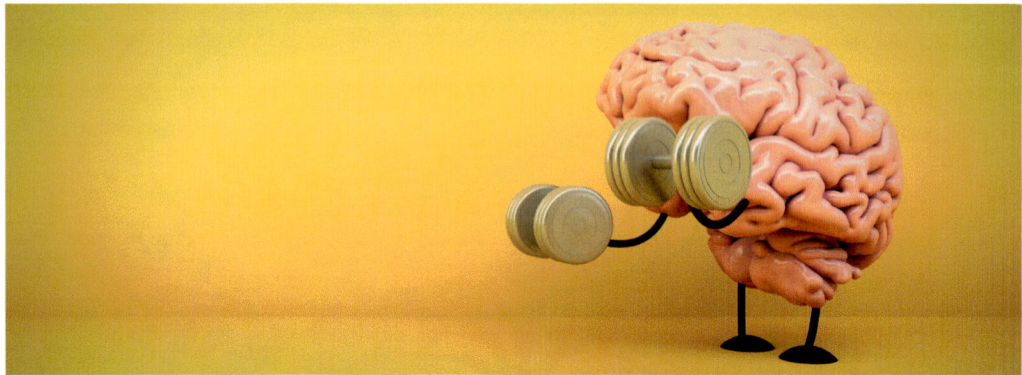

Figura 2.6. El cerebro madura y varía sus manifestaciones en función de la etapa de crecimiento.

2.10. Los periodos críticos de nuestro cerebro

En estos periodos críticos observamos que se produce un desarrollo masivo y rápido de las neuronas y de sus conexiones, lo que permite gran cantidad de interacción con el medio en el que nos encontramos. En consecuencia, los/as bebés tiene gran capacidad para adquirir, asimilar, aprender y recuperar información de forma acelerada.

Según diversas investigaciones, se ha hablado de la existencia de periodos críticos para el aprendizaje que coinciden con el tiempo de desarrollo neuroanatómico, de manera que cuando nos encontramos en un periodo crítico, el resultado de la estimulación será más eficaz que en otros periodos.

El gran desarrollo neuronal de determinadas áreas cerebrales permitirá un mejor aprendizaje del/la niño/a. En los periodos críticos el cerebro desarrollado adecuadamente está esperando a que le llegue el estímulo adecuado para ponerse en marcha y crear las conexiones correspondientes.

Podemos diferenciar entre dos tipos de sinapsis que se producen en nuestro cerebro: la que ocurre de forma natural a principios de la vida y otra que resulta por la exposición a ambientes complejos durante nuestra experiencia vital.

Según estos hechos, el cerebro está en constante cambio y tenemos la capacidad de aprender durante toda nuestra vida, por lo que hay algunas teorías que indican que quizás no tendríamos estos periodos críticos, pero sí reconocen la existencia de unos periodos sensibles para procesos mentales superiores que necesitamos aprender, lo que queda demostrado precisamente en los estudios de plasticidad cerebral a lo largo de nuestra vida.

2.11. El circuito de recompensa cerebral

El circuito de recompensa cerebral es la parte del sistema nervioso central que enlaza los grupos de neuronas que producen las sensaciones intensas de placer y de satisfacción.

Este sistema se activa frente a un estímulo externo y envía señales mediante conexiones neuronales para que se liberen a los neurotransmisores responsables de sensaciones placenteras como la dopamina y la oxitocina.

Su objetivo principal es hacer que queramos repetir uno o varios comportamientos determinados. Por ejemplo, volver a vivir una sensación placentera, como puede ser la comida, el contacto físico, una música determinada o la vista de un paisaje que nos dejó marcados/as.

El sistema de recompensas no está centralizado en una sola zona del cerebro, sino que está compuesto de varias áreas que intervienen en este proceso.

Recordemos que...

- La amígdala: regula las emociones.

- Núcleo *accumbens*: controla la liberación de dopamina.

- Área tegmental ventral: libera dopamina.

- Cerebelo: controla las funciones musculares.

- Glándula pituitaria: libera endorfinas y oxitocina, responsables del alivio del dolor, emociones positivas y vínculos, entre otras.

El circuito de recompensas es un sistema funcional fundamental y es indispensable para la supervivencia, ya que proporciona la motivación necesaria para la realización de acciones o de comportamientos adaptados, permitiendo preservar a la persona y a la especie de forma conceptual.

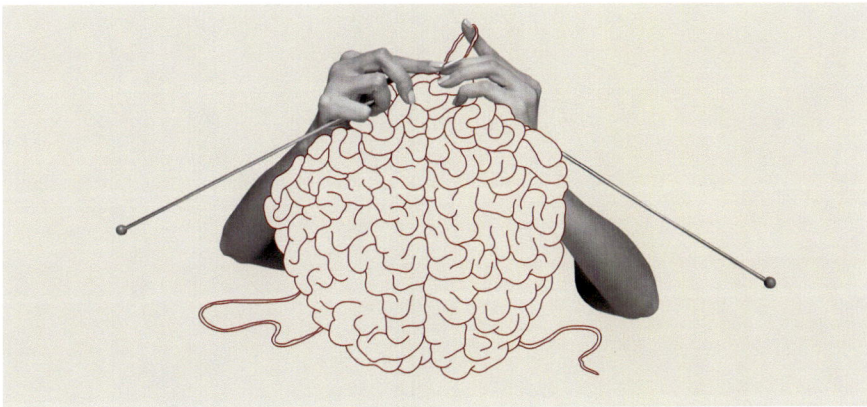

Figura 2.7. El circuito de recompensa cerebral ayuda a producir sensaciones de placer y satisfacción.

ACTIVIDADES

Completa las siguientes frases relacionadas con el tema que acabamos de tratar, utilizando las palabras adecuadas para reforzar los conceptos estudiados en el texto:

1. El sistema límbico fue descrito por _____, quien identificó sus estructuras relacionadas con el aprendizaje y las respuestas emocionales.

2. El _____ es la estructura que permite la comunicación entre los dos hemisferios cerebrales.

3. La cisura de _____ separa el lóbulo frontal del lóbulo parietal.

4. La cisura de _____ separa el lóbulo temporal del parietal.

5. El _____ se encuentra en la zona anteroinferior del lóbulo temporal y es crucial para la supervivencia al identificar peligros.

6. El _____ regula la conducta emocional mediante sus conexiones con otras estructuras del sistema límbico.

7. Lesiones en el _____ afectan directamente las funciones vegetativas, térmicas, sexuales, de hambre y sed, así como la expresión emocional.

8. El _____ se relaciona con la consolidación de la memoria a largo plazo y la memoria episódica.

9. El área _____ contiene neuronas que secretan dopamina, cruciales para las sensaciones de placer.

10. La corteza _____ se relaciona con procesos de atención, emoción, toma de decisiones y control de la conducta.

RESUMEN

Nuestro cerebro controla nuestras emociones principalmente a través del sistema límbico. Este sistema fue identificado por Paul Broca y está compuesto por estructuras esenciales para el aprendizaje, las respuestas emocionales y la memoria.

El cerebro está dividido en dos hemisferios (derecho e izquierdo), separados por la cisura longitudinal y conectados por el cuerpo calloso. Además de esta gran división, existen otras cisuras importantes como la de Rolando (cisura central) y la de Silvio (cisura lateral), que subdividen la corteza cerebral en lóbulos:

- Frontal.
- Parietal.
- Temporal.
- Occipital.

La corteza cerebral tiene rugosidades llamadas surcos y circunvoluciones, que forman giros importantes como:

- Giro supramarginal: procesos de asociación y percepción.
- Giro angular: funciones de lectoescritura.
- Giro superior del lóbulo temporal: procesamiento multimodal.
- Giro medio e inferior del lóbulo temporal: procesos de memoria y relación con estructuras límbicas.

El sistema límbico, situado entre la corteza cerebral y el hipotálamo, controla las emociones, temperamentos e impulsos, y también participa en procesos de memoria, pensamiento y personalidad. Está compuesto por estructuras primarias y secundarias que interactúan con la corteza cerebral para regular las emociones.

El sistema límbico está formado por las siguientes estructuras:

- Amígdala.
- Hipocampo.
- Tálamo.
- Hipotálamo.
- Área tegmental ventral.
- Área septal y corteza cingulada.

El cerebro tiene la capacidad de regenerar células nerviosas y adaptarse a cambios en su medio ambiente, conocida como plasticidad cerebral. Esta capacidad es crucial durante los periodos críticos del desarrollo, donde se produce un crecimiento masivo y rápido de neuronas y conexiones.

El circuito de recompensa cerebral, compuesto por varias áreas cerebrales, produce sensaciones de placer y satisfacción. Incluye estructuras como la amígdala, el núcleo *accumbens*, el área tegmental ventral, el cerebelo y la glándula pituitaria, y motiva comportamientos beneficiosos para la supervivencia.

A C T I V I D A D E S   F I N A L E S

TEST DE EVALUACIÓN

2.1. ¿Qué estructura del cerebro controla nuestras emociones?

   a) Hipotálamo

   b) Sistema límbico

   c) Corteza prefrontal

   d) Cerebelo

2.2. ¿Quién acuñó el término *límbico*?

   a) Sigmund Freud

   b) Carl Jung

   c) Paul Broca

   d) B. F. Skinner

2.3. ¿Cómo se comunican los hemisferios cerebrales?

   a) A través de la cisura longitudinal

   b) A través del cuerpo calloso

   c) A través de la corteza cerebral

   d) A través del hipocampo

2.4. ¿Qué estructura del sistema límbico es crucial para la supervivencia debido a su rol en la identificación del peligro?

   a) Hipocampo

   b) Amígdala

   c) Tálamo

   d) Corteza cingulada

2.5. ¿Cuál es una función principal del lóbulo frontal?

   a) Procesamiento visual

   b) Control motor y toma de decisiones

   c) Memoria auditiva

   d) Regulación de la ingesta de alimentos

2.6. ¿Qué parte del cerebro está relacionada con la formación de la memoria a largo plazo?

a) Amígdala

b) Hipotálamo

c) Hipocampo

d) Tálamo

2.7. ¿Cuál de las siguientes es una estructura límbica secundaria?

a) Amígdala

b) Hipocampo

c) Tálamo

d) Corteza cingulada

2.8. ¿Qué neurotransmisor se asocia principalmente con el área tegmental ventral?

a) Serotonina

b) Dopamina

c) Noradrenalina

d) Acetilcolina

2.9. ¿Qué estructura cerebral es responsable de la regulación térmica, el hambre y la sed?

a) Amígdala

b) Hipotálamo

c) Hipocampo

d) Área septal

2.10. ¿Cuál es la función principal de la cisura de Silvio?

a) Separar los hemisferios cerebrales

b) Separar el lóbulo temporal del parietal

c) Dividir el cerebro en lóbulos

d) Conectar el sistema límbico con la corteza cerebral

2.11. ¿Qué función tiene el giro supramarginal?

a) Procesamiento visual

b) Procesos de asociación y percepción

c) Memoria a largo plazo

d) Expresión de emociones

2.12. ¿Qué núcleo del tálamo está relacionado con la regulación de la conducta emocional?

a) Núcleo ventral posterolateral

b) Núcleo medial dorsal

c) Núcleo centromediano

d) Núcleo anterior

2.13. ¿Qué área cerebral se encarga de la toma de decisiones y selección de respuesta?

a) Corteza cingulada anterior

b) Hipotálamo

c) Área tegmental ventral

d) Amígdala

2.14. ¿Qué área se ha asociado con diferentes tipos de sensaciones placenteras relacionadas con experiencias sexuales?

a) Hipocampo

b) Área septal

c) Amígdala

d) Núcleo *accumbens*

2.15. ¿Cuál es una función del núcleo central de la amígdala?

a) Regulación térmica

b) Expresión de emociones

c) Formación de la memoria

d) Control de la ingesta de alimentos

2.16. ¿Qué área del cerebro es crucial para la integración de información multimodal?

a) Hipocampo

b) Giro superior del lóbulo temporal

c) Tálamo

d) Área prefrontal

2.17. ¿Qué tipo de sinapsis ocurre de forma natural a principios de la vida?

a) Sinapsis colateral

b) Sinapsis aferente

c) Sinapsis ambiental

d) Sinapsis natural

2.18. ¿Cuál de las siguientes estructuras se encarga de liberar endorfinas y oxitocina?

a) Tálamo

b) Glándula pituitaria

c) Área tegmental ventral

d) Núcleo *accumbens*

2.19. ¿Qué capa del hipocampo es la más importante debido a sus células piramidales?

a) Capa molecular

b) Capa piramidal

c) Capa polimorfa

d) Capa granular

2.20. ¿Qué función tiene la corteza entorrinal en relación con el hipocampo?

a) Regulación de la conducta emocional

b) Procesamiento de información sensitiva

c) Liberación de dopamina

d) Expresión de emociones

3

La inteligencia interpersonal e intrapersonal

La inteligencia intrapersonal permite reconocer y regular las emociones propias, favoreciendo la autorreflexión y el autoconocimiento. Por otro lado, la inteligencia interpersonal se refiere a la habilidad para empatizar, comunicarse eficazmente y establecer relaciones saludables. Ambas inteligencias, propuestas por Howard Gardner en su teoría de las inteligencias múltiples, son fundamentales para el desarrollo emocional y social, siendo habilidades clave en contextos educativos y en la vida cotidiana, y proporcionando la capacidad de comprender y gestionar tanto las emociones propias como las de los demás.

A día de hoy, sabemos que no somos el valor de un único cociente intelectual (CI). Sino que nuestro cerebro alberga diferentes tipos de inteligencias que son los que componen a las personas que somos, con nuestras capacidades, competencias y habilidades propias.

Este hecho es el que hace que, cuando evaluamos nuestros niveles de inteligencia, no lo hagamos con un único cuestionario o test, sino que podemos evaluarnos desde diferentes ámbitos y sectores para encontrar los puntos fuertes y débiles desde el punto de vista intelectual.

Howard Gardner fue el autor de la teoría de las inteligencias múltiples en 1983. Esta teoría no concibe la inteligencia como un concepto unitario, sino como un constructo multimodal en la que las diferentes inteligencias son equiparables a talentos.

Figura 3.1. Gardner definió ocho tipos de inteligencias.

Gardner explica que los marcadores de capacidad de inteligencia no son suficientes para explicar la cognición del ser humano. Así, definió los ocho tipos de inteligencia que cualquier ser humano posee y puede desarrollar en mayor o menor medida en función de sus capacidades.

Estas ocho inteligencias son las siguientes:

- Lingüística
- Lógico-matemática
- Espacial
- Musical

- Cinético-corporalInterpersonal

- Intrapersonal

- Naturalista

3.1. Inteligencia interpersonal

Centrándonos en la **inteligencia interpersonal**, podemos decir que esta inteligencia permite a la persona entender las intenciones y deseos de las demás personas. No siempre se desarrolla de igual forma y no todas las personas tienen la misma habilidad para poder detectar estos factores, pero lo que sí está claro es que este tipo de inteligencia se crea a partir de una capacidad para sentir distinciones entre los demás, en particular, contrastes en sus estados de ánimo, temperamentos, motivaciones e intenciones.

La inteligencia interpersonal, por tanto, sería la habilidad para **entender a los demás**. Esta inteligencia implica:

- Habilidad de entender e interactuar efectivamente con otras personas.

- Habilidad de percibir y comprender los sentimientos de las demás personas, ser sensible a los signos corporales que representan emociones y responder efectivamente a ellos.

Este tipo de inteligencia nos permite ver más allá de lo físico y palpable, es decir, percibir lo que otras personas no ven porque pasa inadvertido. Una persona con inteligencia interpersonal comprende el sentido de los gestos o de las miradas de otras personas y es capaz de entenderlas y empatizar con ellas, lo cual favorece la adaptabilidad al entorno y le permite relacionarse con mayor facilidad.

La inteligencia interpersonal se basa en el desarrollo de dos grandes tipos de capacidades: la empatía y la capacidad de manejar las relaciones interpersonales. Refresquemos estos conceptos:

- La **empatía** es el conjunto de capacidades que nos permiten reconocer y entender las emociones de los demás, sus motivaciones y las razones que explican su comportamiento. Una de las habilidades básicas para entender a la otra persona es la de saber escuchar. Aprender a escuchar supone enfocar toda nuestra atención hacia el otro, dejar de pensar en lo que queremos decir o en lo que nosotros haríamos.

Todos los estudios conocidos proporcionados por la investigación cerebral indican que los lóbulos frontales desempeñan un importante papel en el conocimiento interpersonal, y que los daños en esta área pueden causar cambios profundos en la personalidad, pero también pueden hacer que otras formas de la resolución de problemas queden inalteradas.

Por sí sola es un complemento fundamental de las anteriores inteligencias, porque tampoco sirve de nada si obtenemos las mejores calificaciones, pero elegimos mal a nuestros amigos y relaciones. Este tipo de inteligencia determina la elección que hacemos de nuestros amigos o pareja. Y es también, en gran medida, la responsable de nuestros éxitos laborales o académicos.

Cuando hablamos de inteligencia interpersonal, nos referimos a la capacidad de percibir y distinguir los estados de ánimo, motivaciones, intenciones, deseos y sentimientos de los demás a través de su voz, sus expresiones faciales y sus gestos. En otras palabras, las personas que tienen este tipo de inteligencia son capaces de diferenciar con mayor certeza, y sin obtener un mensaje escrito ni oral, el estado anímico de los demás.

Centrándonos en el ámbito escolar, los alumnos que poseen esta habilidad o inteligencia más desarrollada tienen una capacidad mayor para comprender y comunicarse mejor con el resto de sus compañeros, observar las diferencias entre sus temperamentos, formar y mantener relaciones y asumir diferentes roles dentro del grupo.

La inteligencia interpersonal podría decirse que trata de la inteligencia de la empatía, la comprensión de los sentimientos de otros. Los/as niños/as la desarrollan cuando tienen contacto con otras personas y, por ello, aprenden a relacionarse de manera relajada.

Figura 3.2. Las personas con inteligencia interpersonal pueden detectar y entender los sentimientos de los/as demás.

Existen algunas capacidades concretas, relacionadas con la enseñanza y atribuidas al alumnado con inteligencia interpersonal. La primera de ellas es la de organizar grupos. La segunda es la capacidad para la negociación. La tercera es la capacidad de conexión personal, son personas con las que es fácil relacionarse, intercambiar sentimientos, etcétera.

Algunas de las **características** de las personas con inteligencia interpersonal son:

1. Personas con habilidades sociales definidas.

2. Capacidad de ayuda a otras personas.

3. Buen sentido del humor.

4. Sensibilidad para entender y detectar los sentimientos de las demás personas.

5. Capacidad para resolver conflictos y tomar decisiones apropiadas en situaciones emocionales.

6. Potencialidad de liderazgo.

7. Desde niño/a, se encuentra ligado emocionalmente a sus progenitores/as y familiares.

3.2. La comunicación interpersonal

Una buena comunicación interpersonal efectiva es de gran importancia en todos los ámbitos de la vida. Si nos paramos a pensarlo, hoy en día estamos emitiendo o recibiendo mensajes en distintos formatos de 15 a 17 horas al día.

Se observa con bastante frecuencia que muchas personas han perdido la oportunidad de conseguir un buen trabajo, de lograr una mejora del mismo, o, simplemente, de mejorar sus relaciones personales, por no poseer la habilidad de expresarse adecuadamente, de forma oral o escrita. Del mismo modo, en las empresas se presentan problemas de comunicación que afectan de forma muy negativa, haciendo que disminuya la productividad y la eficacia.

Es por estas razones por las que la comunicación reviste un especial interés para un gran número de estudios del comportamiento humano, así como de las organizaciones y el público en general.

La comunicación interpersonal se establece entre dos personas que se encuentran físicamente presentes. Es diferente a otros tipos de comunicación, como son la comunicación grupal, que se establece entre tres o más personas, o la comunicación social, que requiere de apoyo y elementos técnicos que ayudan a que se produzca el intercambio de información entre un gran número de personas. Además, también se va a diferenciar de la comunicación intrapersonal, que es la que se realiza con uno/a mismo/a, pero que influye en cierto modo en la interpersonal.

En la parte intrapersonal, hablamos de un «lenguaje privado», que solamente utilizamos con nosotros/as mismos/as en determinadas circunstancias y momentos, y que no solemos hacer público al resto de personas que nos rodean.

La comunicación interpersonal puede ser definida como el conjunto de mensajes verbales y no verbales que se transmiten y se reciben en cada interacción con otras personas.

Los símbolos, el lenguaje, la cultura y el comportamiento influyen en la comunicación entre personas, y esto hace que la comunicación interpersonal sea un fenómeno complejo. Independientemente del mensaje que se ha transmitido, la importancia que pueda tener viene determinada por su nivel de claridad. Los mensajes claros tienen mayor probabilidad de éxito en cualquier interacción.

Las principales características de la comunicación interpersonal son:

- Comunicación que se establece entre dos personas.

- Comunicación que se mantiene cara a cara.

- La forma y el contenido de la comunicación expresa las características de la personalidad de las personas, además de reflejar sus roles y relaciones.

- Hay que resaltar que no siempre es un proceso consciente.

3.3. Inteligencia intrapersonal

La **inteligencia intrapersonal** se define como el conocimiento de los aspectos internos de una persona, es decir, el acceso a la propia vida emocional, a la capacidad de efectuar discriminaciones entre las emociones, a la propia gama de sentimientos y finalmente ponerles un nombre y recurrir a ellas como un medio de interpretar y orientar la propia conducta.

Este tipo de inteligencia permite formar una imagen precisa de uno/a mismo/a; permite poder entender nuestras necesidades y características, así como nuestras cualidades y defectos, y nos resulta útil y funcional en cualquier área y momento de la vida.

La inteligencia intrapersonal se manifiesta en los siguientes aspectos:

- Capacidad de construir una percepción precisa respecto de uno/a mismo/a, tanto las fortalezas como las limitaciones.

- Habilidad para adaptar las propias maneras de actuar a partir de ese conocimiento.

- Capacidad para organizar y dirigir la propia vida, reflejando un sentido de independencia.

- Tener conciencia de los estados de ánimo interiores, las intenciones, las motivaciones temperamentos y los deseos propios.

- Un buen nivel de autoconocimiento, autodisciplina, autocomprensión y autoestima.

Por lo tanto, el componente central de este tipo de inteligencia es el acceso a los propios sentimientos y la habilidad para discernir las emociones íntimas, el conocimiento de las fortalezas y debilidades propias. Las personas con alta capacidad intrapersonal aprenden mejor íntimamente, teniendo espacio y tiempo privado, reflexionando, aplicando el conocimiento sobre sí mismas y haciendo proyectos a su propio ritmo.

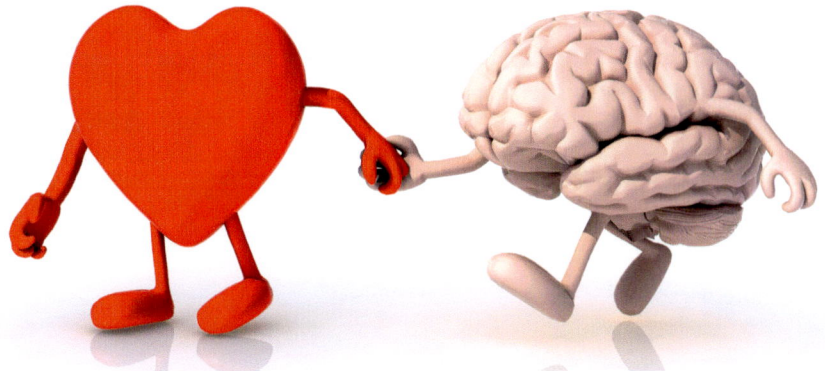

Figura 3.3. Un buen nivel de autoconocimiento es propio de las personas con inteligencia intrapersonal.

Los autores Salovey y Mayer definen **cinco grandes capacidades propias** de la inteligencia emocional, de las que tres se corresponden con la inteligencia intrapersonal.

Las tres capacidades en las que se fundamenta la inteligencia intrapersonal son las siguientes:

1. Capacidad para percibir las propias emociones: para conocer y controlar las emociones primero hay que reconocerlas, es decir, darse cuenta de que se están sintiendo. Reconocer las emociones implica el conocimiento de las sensaciones físicas que provocan esas emociones en uno/a mismo/a.

2. Capacidad de controlar las propias emociones: controlar nuestros sentimientos implica, una vez que los hemos detectado e identificado, ser capaces de reflexionar sobre los mismos. Reflexionar sobre lo que estamos sintiendo no es lo mismo que emitir juicios de valor sobre si los sentimientos son buenos o malos, deseables o no deseables.

3. Capacidad de motivarse a uno/a mismo/a: nos podemos motivar a nosotros/as mismos/as cuando sabemos lo que queremos y cómo podemos conseguirlo. Por tanto, para desarrollar la capacidad de motivarnos a nosotros/as mismos/as, primero tenemos que aprender a fijar los objetivos que queremos conseguir.

ACTIVIDADES

A partir del siguiente listado relacionado con el tema que acabamos de estudiar, empareja cada concepto con su descripción correspondiente:

CONCEPTOS

1. Howard Gardner

2. Inteligencia lingüística

3. Inteligencia interpersonal

4. Empatía

5. Comunicación intrapersonal

6. Inteligencia intrapersonal

7. Lóbulos frontales

8. Teoría de las inteligencias múltiples

9. Capacidad de motivarse a uno mismo

10. Comunicación interpersonal

DESCRIPCIONES

A. Conocimiento de los aspectos internos de una persona, incluyendo la autocomprensión y la autoestima.

B. Habilidad para entender e interactuar efectivamente con otras personas, percibiendo y comprendiendo sus sentimientos.

C. La habilidad de reconocer y entender las emociones de los demás y responder efectivamente a ellas.

D. Desempeñan un importante papel en el conocimiento interpersonal y pueden influir en la personalidad cuando están dañados.

E. Capacidad de percibir las propias emociones, controlarlas y fijar objetivos personales.

F. Autor que propuso la teoría que define ocho tipos de inteligencia, entre ellos la interpersonal e intrapersonal.

G. Permite la comprensión de estados de ánimo, motivaciones, intenciones y deseos de los demás a través de sus expresiones.

H. La teoría que sugiere que la inteligencia no es un concepto unitario, sino una combinación de varias capacidades y talentos.

I. Comunicación que se realiza con uno mismo, influye en la comunicación interpersonal.

J. Comunicación que se establece entre dos personas, cara a cara, con mensajes verbales y no verbales.

RESUMEN

La inteligencia humana no se reduce a un único cociente intelectual (CI), sino que está compuesta por múltiples inteligencias, según la teoría de las inteligencias múltiples, de Howard Gardner. Estas inteligencias, desarrolladas en mayor o menor medida en cada persona, incluyen la lingüística, lógico-matemática, espacial, musical, cinético-corporal, interpersonal, intrapersonal y naturalista.

La inteligencia interpersonal se refiere a la habilidad para entender e interactuar eficazmente con otras personas, comprendiendo sus sentimientos, intenciones y deseos. Implica la empatía y la capacidad de manejar las relaciones interpersonales, habilidades cruciales para la adaptación social y el éxito en diversas áreas de la vida.

La inteligencia intrapersonal, por otro lado, es el conocimiento de uno mismo, de las propias emociones, fortalezas y debilidades. Esta inteligencia permite la autocomprensión, la autodisciplina y la motivación personal, facilitando una vida organizada y autónoma. La inteligencia emocional, que incluye la intrapersonal, se fundamenta en la percepción y control de las emociones y la motivación interna.

ACTIVIDADES FINALES

TEST DE EVALUACIÓN

3.1. ¿Quién es el autor de la teoría de las inteligencias múltiples?

a) Daniel Goleman

b) Howard Gardner

c) Jean Piaget

d) Lev Vygotsky

3.2. ¿Cuántas inteligencias define la teoría de las inteligencias múltiples?

a) Seis

b) Siete

c) Ocho

d) Nueve

3.3. ¿Cuál de las siguientes no es una inteligencia según Gardner?

a) Inteligencia emocional

b) Inteligencia musical

c) Inteligencia espacial

d) Inteligencia naturalista

3.4. ¿Qué capacidad implica la inteligencia interpersonal?

a) Capacidad de resolver problemas matemáticos

b) Capacidad de entender e interactuar con otras personas

c) Capacidad de visualizar objetos en el espacio

d) Capacidad de tocar instrumentos musicales

3.5. ¿Qué habilidad no pertenece a la inteligencia interpersonal?

a) Empatía

b) Habilidad de manejar relaciones

c) Habilidad para la autocomprensión

d) Sensibilidad a los sentimientos ajenos

3.6. La empatía es la capacidad de:

a) Entender las emociones propias

b) Reconocer y entender las emociones de los demás

c) Resolver problemas lógicos

d) Tocar música

3.7. ¿Qué parte del cerebro está asociada con la inteligencia interpersonal?

a) Lóbulo temporal

b) Lóbulo parietal

c) Lóbulo frontal

d) Lóbulo occipital

3.8. La inteligencia interpersonal es importante para:

a) Elegir amigos y pareja

b) Resolver ecuaciones matemáticas

c) Dibujar con precisión

d) Componer música

3.9. ¿Qué define la inteligencia intrapersonal?

a) Conocimiento de aspectos internos de una persona

b) Habilidad para entender a otras personas

c) Capacidad de resolver problemas matemáticos

d) Sensibilidad para la música

3.10. ¿Cuál de las siguientes no es una manifestación de la inteligencia intrapersonal?

a) Autoestima

b) Autoconocimiento

c) Empatía

d) Autodisciplina

3.11. La capacidad para reconocer las propias emociones es una característica de:

a) Inteligencia lógico-matemática

b) Inteligencia interpersonal

c) Inteligencia intrapersonal

d) Inteligencia cinético-corporal

3.12. ¿Cuál es un aspecto clave de la inteligencia intrapersonal?

a) Percepción precisa de uno mismo

b) Capacidad de trabajar en equipo

c) Habilidad para tocar instrumentos musicales

d) Facilidad para aprender idiomas

3.13. ¿Qué capacidad se incluye en la inteligencia emocional según Salovey y Mayer?

a) Habilidad para la resolución de problemas espaciales

b) Capacidad de motivarse a uno mismo

c) Destreza musical

d) Aptitud para los deportes

3.14. ¿Cuál de las siguientes características pertenece a las personas con alta inteligencia interpersonal?

a) Buen sentido del humor

b) Habilidad para la lógica matemática

c) Gran destreza corporal

d) Facilidad para el dibujo

3.15. ¿Qué aspecto de la inteligencia intrapersonal ayuda a organizar y dirigir la propia vida?

a) Autodisciplina

b) Empatía

c) Destreza musical

d) Visualización espacial

3.16. La inteligencia interpersonal es fundamental para el éxito en:

a) Matemáticas

b) Música

c) Relaciones laborales y académica

d) Artes visuales

3.17. ¿Cuál es una característica de la comunicación interpersonal?

a) Se establece entre tres o más personas

b) Es un proceso siempre consciente

c) Se mantiene cara a cara

d) Es una comunicación intrapersonal

3.18. La inteligencia intrapersonal incluye la capacidad de:

a) Percibir las emociones de otros

b) Adaptar la conducta a partir del autoconocimiento

c) Resolver problemas matemáticos

d) Tocar instrumentos musicales

3.19. ¿Qué permite la inteligencia intrapersonal en la vida diaria?

a) Interacción efectiva con otras personas

b) Formación de una imagen precisa de uno mismo

c) Composición de música

d) Resolución de problemas espaciales

3.20. Según Gardner, ¿cuál de las siguientes es una inteligencia que se puede desarrollar?

a) Empatía

b) Destreza deportiva

c) Inteligencia naturalista

d) Inteligencia emocional

La inteligencia emocional

La inteligencia emocional es la capacidad de identificar, comprender, gestionar y expresar las emociones propias y de los demás de manera efectiva. Este concepto, desarrollado por Daniel Goleman, incluye habilidades como la autorregulación emocional, la empatía, la motivación y las competencias sociales. Esto no solo mejora las relaciones interpersonales, sino que también potencia el bienestar personal y el éxito en distintos ámbitos de la vida. En el contexto educativo, su desarrollo es esencial para promover un aprendizaje integral, fomentar un clima positivo y facilitar la resolución de conflictos.

De forma sencilla y comprensible, podemos definir la inteligencia emocional como la capacidad para reconocer los sentimientos propios y ajenos, y la habilidad para manejarlos.

Por tanto, la inteligencia emocional implica una serie de habilidades y capacidades fundamentales para su adecuado aprendizaje y práctica.

En 1990 surgió por primera vez el término de *inteligencia emocional* (IE). Fueron los autores Salovey y Mayer los que propusieron este nuevo tipo de inteligencia que sería la novena inteligencia que el ser humano puede desarrollar

La definieron como: «la habilidad para percibir emociones, generarlas y entenderlas, con el fin de regular adecuadamente las emociones, y así promover un crecimiento intelectual y emocional» (Salovey y Mayer, 1990).

Aunque fue Daniel Goleman en 1995 quien acuñó el término de *inteligencia emocional*, después de él, fueron muchos los investigadores que han seguido profundizando sobre el tema.

El **objetivo** de Salovey y Mayer era resaltar la importancia que tienen las emociones en los procesos de adaptación y en los procesos intelectuales. La inteligencia emocional para estos autores se define como la habilidad de manejar los sentimientos y las propias emociones, así como las emociones de los demás para poder identificarlas y modularlas, usando toda esa información para la resolución de los problemas en numerosas áreas de la vida.

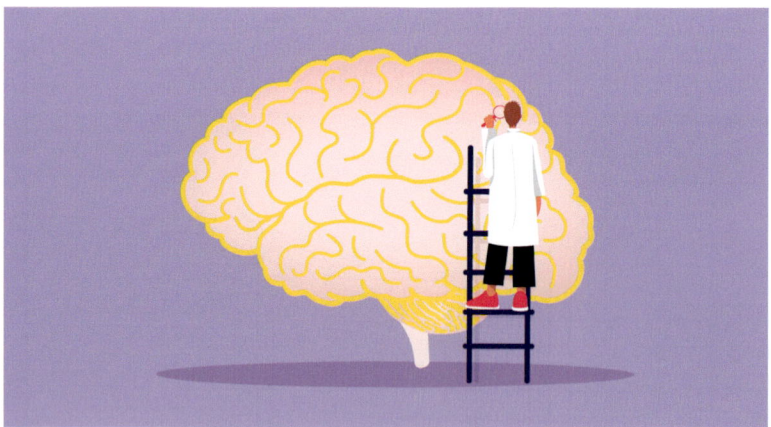

Figura 4.1. La inteligencia emocional es la habilidad de manejar nuestros sentimientos.

Para Salovey y Mayer existen cuatro áreas que caracterizan la inteligencia emocional. Estas áreas son las siguientes:

- Identificar y reconocer las emociones: identificar, reconocer y etiquetar las emociones que siente una persona y las emociones de los demás. Incluye la percepción de cómo se están sintiendo otras personas en un determinado momento.

- Habilidad para usar las emociones: consiste en la habilidad para crear emociones y utilizarlas en el desarrollo de la creatividad, la empatía y la solución de problemas.

- Comprensión de las emociones: hace referencia a la habilidad para entender las emociones más complejas y la forma en cómo una emoción puede tener como consecuencia la aparición de otra emoción distinta. Esta habilidad es muy importante para crear relaciones interpersonales estables y sanas.

- Manejo de las emociones: capacidad de manejar las emociones de forma inteligente en uno mismo y ser capaz de percibirlas en los demás. Esto va a permitir el uso de técnicas que favorezcan la consecución de resultados positivos en las relaciones con los demás.

Figura 4.2. Para Salovey y Mayer existen cuatro áreas que caracterizan la inteligencia emocional.

Más tarde, en 1995, el doctor en Filosofía, Daniel Goleman, publicó el libro *La inteligencia emocional*, en el que define esta inteligencia como el conjunto de habilidades, de tipo personal y de relación social, en el que las propias emociones, su conocimiento y control tienen un papel fundamental. Las habilidades emocionales para Goleman son la autoconciencia, el control de las emociones, la capacidad de automotivación, la empatía y las habilidades sociales.

El modelo original de **Goleman** para desarrollar la inteligencia emocional incluía las siguientes habilidades:

- Conocer las emociones de uno/a mismo/a, ser capaz de identificarlas, reconocerlas y nombrarlas.

- Reconocer las emociones en los demás.

- Estimular la motivación propia.

- Capacidad de manejar las relaciones interpersonales de forma adecuada.

Goleman se basó en el trabajo de **Howard Gardner** para desarrollar su teoría sobre la inteligencia emocional, ya que Gardner en su libro dio a conocer su teoría sobre las inteligencias múltiples. En su estudio, Goleman incorporaba conceptos como el de la conciencia emocional, que es la capacidad para reconocer el modo en que las emociones afectan al comportamiento y la capacidad de utilizar nuestros valores como guía en el proceso de toma de decisiones.

Las personas que tienen una buena capacidad de conciencia emocional tienen las siguientes características:

- Conocen y reconocen qué emociones están sintiendo y por qué.

- Comprenden los vínculos existentes entre sus sentimientos, sus pensamientos, sus palabras y sus acciones.

- Conocen el modo en que sus sentimientos influyen sobre su rendimiento.

- Tienen un conocimiento claro de sus valores y sus objetivos.

Figura 4.3. Las personas que reconocen las emociones que sienten, tienen buena capacidad de conciencia emocional.

Por lo tanto, podemos volver a nombrar la empatía y decir que forma parte imprescindible de la inteligencia emocional de las personas, porque, sin esta habilidad, no podríamos comprender y/o saber qué es lo que están sintiendo otras personas. Y tampoco podríamos vernos reflejados/as en sus estados de ánimo ante determinadas situaciones y acompañarlas o entenderles, tal y como lo hacemos, cuando expresamos nuestra empatía hacia alguien.

Esta habilidad es básica para poder sintonizar con las señales sociales más o menos sutiles de las personas que nos rodean, que indican qué necesitan o qué quieren los demás, y nos aporta entre otras cosas:

- Desarrollar la capacidad para asumir el punto de vista de otra persona.

- Una mayor sensibilidad hacia los sentimientos de los demás.

- Una mayor capacidad de escucha activa.

Llegados a este punto, es muy importante que entendamos la diferencia entre simpatía y empatía, ya que en ocasiones se suelen confundir.

La simpatía es un proceso que nos permite sentir los mismos estados emocionales que sienten los demás, los comprendamos o no; es decir, la simpatía es un proceso meramente emocional y hace que sintamos un mayor aprecio, desde un punto de vista sentimental, por las personas que nos hacen sentir así.

Figura 4.4. E(si)mpatía.

Sin embargo, la empatía es diferente, ya que implica procesos cognitivos que nos permiten entender las emociones de otras personas. Esto implica que somos capaces de comprender por qué se encuentran o se sienten de esta o aquella manera, independientemente de la simpatía que tengamos por ellas. Es un proceso más razonado, aunque incluya en muchas ocasiones la experimentación de emociones propias, que asociamos con el estado de ánimo de la otra persona.

Además, esto hace que la empatía vaya un poco más allá, al desarrollar en nosotros/as la comprensión de las perspectivas, deseos, actitudes y creencias de las otras personas, independientemente de que las compartamos o estemos de acuerdo con ellas.

Por lo tanto, hay que tener cuidado con cómo entendemos y cómo explicamos lo que es la empatía.

La empatía no significa estar de acuerdo en todo con otra persona, ni con todo lo que siente o cómo lo siente. Tenemos que entender que es básicamente imposible sentir exactamente lo mismo que otra persona. La capacidad de empatizar implica un razonamiento propio de cada persona y esto ha de quedar muy bien delimitado.

Empatizar no es perder la identidad propia y aceptar todo lo que otra persona pueda sentir y creer al respecto de una situación, ya que no existe ninguna obligación en este aspecto.

Podemos empatizar y entender y acompañar a otra persona ante una situación vivida, respetando su actitud, sus emociones y sus creencias al respecto. Pero al mismo tiempo, podemos elaborar críticas constructivas ante lo que vemos, siempre respetando la postura de la otra persona.

En la vida cotidiana nos encontramos con innumerables situaciones en las que existen diversidad de opiniones y pensamientos, por diferencias culturales, educacionales, etc., por lo que es fundamental el desarrollo de esta habilidad para desarrollar mejores relaciones sociales.

En la empatía influyen las emociones de cada persona y las de los demás. Una persona empática es capaz de detectar información emocional que le puede provocar sufrimiento y dolor, tanto a ella misma como a la persona en la que lo está observando. Esto nos hace ser capaces de sentir y conocer situaciones que incluso podemos no haber experimentado por nosotros/as mismos/as.

Por este motivo, la empatía constituye uno de los fundamentos básicos de la inteligencia emocional y de la comunicación entre las personas. Porque, a fin de cuentas, se trata de comprender y de transmitir comprensión.

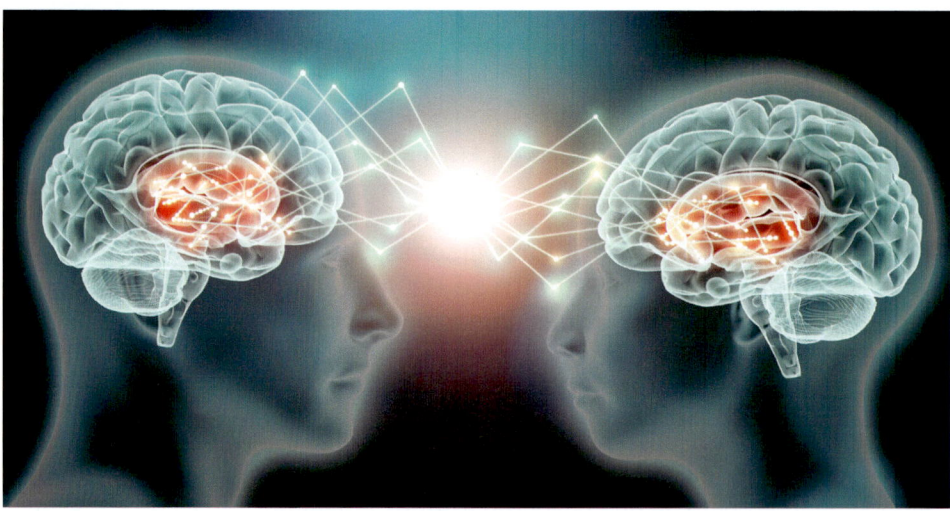

Figura 4.5. La empatía constituye uno de los fundamentos básicos de la inteligencia emocional y de la comunicación entre las personas.

Podemos manifestar la empatía a través de diferentes componentes mentales relacionados con la atención, la emoción y la expresión corporal, al mismo tiempo que podemos representarla a través de habilidades concretas.

Si nos fijamos en la capacidad de atención tendríamos:

■ Atención activa: basada en observar cómo se siente la otra persona y atender a lo que dice de forma verbal y no verbal. Esto quiere decir que los componentes no verbales de la atención deben ser congruentes con los verbales, porque queremos que la otra persona interprete que le estamos escuchando con interés. Esto implicará a su vez que pongamos en marcha nuestra capacidad de escucha activa y comprensiva.

- Atención cognitiva: es la atención que damos a cómo se está sintiendo esa persona y ante qué o por qué se siente así, para percibir de manera realista y acertada lo que le está ocurriendo. Buscamos razonarlo y entenderlo desde el punto de vista más teórico del concepto.

- Atención emotiva: se trata de aprender a experimentar las emociones que siente el otro. Aquí estamos conectando mucho más allá del simple y mero hecho de escuchar o atender. Es una atención más profunda y nos conecta con la otra persona.

- Atención motora: en donde generamos respuestas empáticas a la comunicación con esa persona, en donde le hacemos ver que estamos realmente siguiendo sus explicaciones y argumentos desde el punto de vista lingüístico y físico, adoptando posturas similares a las suyas, que expresen cercanía e implicación, hasta la repetición de lo que nos han explicado a través de pequeños resúmenes o ideas principales.

Una vez que tenemos más claro qué es y cómo se reproduce la empatía en las personas, podemos comenzar a hablar de la propia conciencia emocional como tal. Porque es uno de los elementos que sí podemos trabajar directamente en el ámbito educativo independientemente del rango de edad con el que trabajemos dentro de un aula. Para trabajar la conciencia emocional en el ámbito de la docencia y la enseñanza, es necesario que el/la docente adquiera también esta capacidad, ya que va a servir de modelo para todos los/as alumnos/as. Y esto es uno de los puntos que más veces se pasa por alto y se olvida, siendo casi casi el principal y básico para poder trabajar la inteligencia emocional con otras personas.

Por lo tanto, si queremos trabajar conciencia emocional con el alumnado también debemos trabajarla con el profesorado. Tomar conciencia de las emociones que predominan en la interacción con el alumnado y de las acciones consecuentes, además de la manera en que esos comportamientos influyen en la labor profesional. Al final, todo está relacionado y se ve afectado o influido por las otras partes.

El trabajo de la conciencia emocional supone diferentes aspectos que se deben tener en cuenta:

- Adquirir vocabulario de las emociones.

- Diferenciar emociones.

- Reconocer las propias emociones y efectos que tienen sobre nosotros/as.

- Reconocer las consecuencias de nuestras reacciones.

- Valoración adecuada de uno/a mismo/a, es decir, conocer las propias fortalezas y limitaciones.

Figura 4.6. Para trabajar la conciencia emocional en el ámbito de la docencia y la enseñanza, es necesario que el/la docente, adquiera también esta capacidad.

Durante el trabajo de la conciencia emocional, también va a ser fundamental el trabajo de la autoconciencia. Y cuando hablamos de autoconciencia, nos referimos a la habilidad de la persona para interpretar los mecanismos físicos, mentales y emocionales que operan en la vida diaria dentro de sí mismo/a. Es importante reconocer las emociones, nombrarlas, observar cómo afectan a la toma de decisiones, saber qué situaciones tienden a evocarlas y reconocer las emociones en otras personas y sus acciones.

Para poder trabajar con la autoconciencia, es necesario que sepamos cuáles son los componentes básicos que entran en juego en ella. Estos serían los siguientes:

- Capacidad para asociar los signos físicos con las emociones.

- Detección del pensamiento negativo propio.

- Correcta evaluación de reacciones, habilidad para hacer una distinción clara entre ellas.

- Eficiencia en manejar y dirigir el pensamiento, sentimiento y conducta como un valor personal.

Con todo esto, cada vez tenemos más claro que la capacidad para controlar nuestras emociones es una habilidad básica que podemos practicar y entrenar, para que nos permita controlar nuestros sentimientos y adecuarlos al momento en el que nos encontremos.

Es muy importante resaltar que el control de las emociones **no significa ahogar o reprimir las emociones**, sino regular, controlar o, eventualmente, modificar los estados de ánimo y sentimientos, o su manifestación inmediata cuando estas pueden traer consecuencias negativas en una situación determinada.

El control de las emociones aporta una mayor tolerancia a la frustración y un mejor manejo de la ira, una mayor capacidad para expresar el enfado de manera adecuada. Además, nos aporta sentimientos positivos con respecto a uno mismo y hacia los demás, un mejor control del estrés, una menor sensación de aislamiento y de ansiedad social.

Esta capacidad de control se basa en el conocimiento de las emociones, ya que esta capacidad nos aporta una mayor comprensión de las causas de nuestros sentimientos, una identificación de las diferencias existentes entre los sentimientos y las acciones, y todo ello nos ayudará a desarrollar el control de las mismas.

El autocontrol emocional está formado por la habilidad de la persona a la hora de moderar la propia reacción emocional ante una situación, ya sea negativa o positiva.

Por mucho que queramos, las emociones no se pueden evitar, por lo tanto, no podemos elegir qué emociones sentimos.

Pero sí podemos aprender a regular y moderar nuestras reacciones emocionales, y controlar nuestros comportamientos consecuentes de dichas reacciones, para aprender a afrontar y superar las distintas situaciones difíciles a las que nos enfrentaremos a lo largo de nuestra vida de la manera más efectiva posible.

De hecho, el ser capaces de controlar (hasta cierto punto) las emociones que sentimos y aprender a reconocerlas e interpretarlas genera un mayor aprendizaje emocional en la persona, favorece una ampliación de esa inteligencia intrapersonal e interpersonal, y, sobre todo, nos permite conocernos más y mejor aún a cada uno/a de nosotros/as mismos/as.

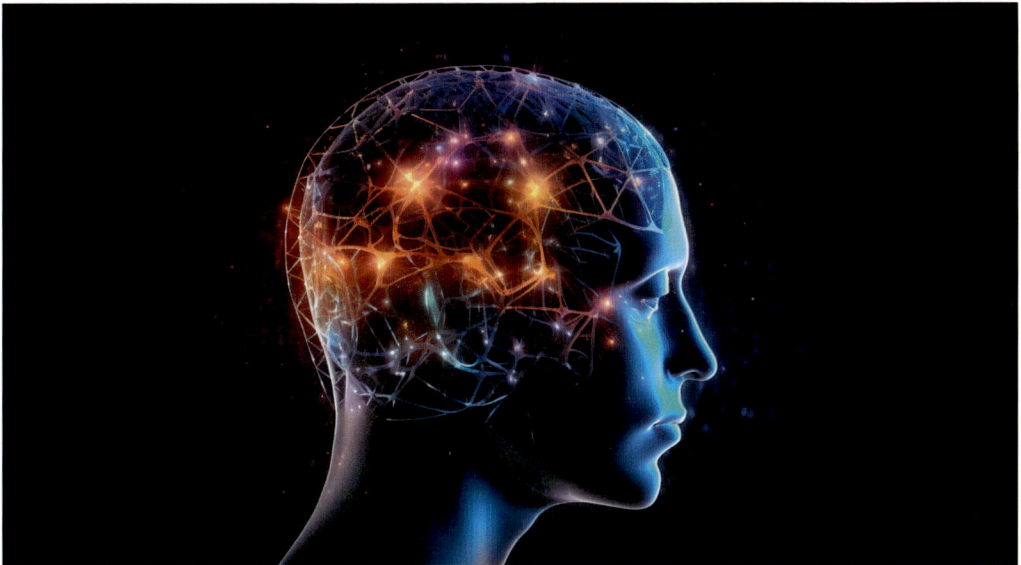

Figura 4.7. No podemos elegir qué emociones sentimos.

Si seguimos observando algunos de los elementos que entran en juego cuando sentimos y vivimos emociones, podemos encontrar otro componente de los activadores del aprendizaje de las personas. La motivación.

Vamos a dar una definición sencilla de lo que es la motivación. La **motivación** es la habilidad de las personas para ponerse en marcha hacia la consecución de unos objetivos determinados, con energía, determinación y constancia, haciendo frente a los problemas que puedan surgir y encontrando soluciones para superar los obstáculos del camino.

No es estable siempre, ni sabemos cómo mantenerla en el tiempo en algunas ocasiones. Pero todas las personas nos sentimos motivadas por diferentes motivos y estímulos a lo largo de nuestra vida.

La motivación forma parte de las habilidades que componen la inteligencia emocional, porque participa en dos habilidades prácticas: intrapersonal e interpersonal, es decir, que podemos hablar de la capacidad para motivarnos a nosotros mismos (automotivación) y de la capacidad de motivar a otras personas. (Aunque en ambos casos puede ser complicado conseguirlo en según qué situaciones y momentos).

La capacidad de motivarse a uno/a mismo/a, el control de la emocionalidad de la persona, puede ser fundamental para alentar y mantener aspectos como la atención, la motivación y la creatividad. Si nos sentimos motivados/as, esto nos empuja a desarrollar una mayor responsabilidad, capacidad de concentración y autocontrol.

El momento en el que la persona se siente motivada hacia la realización de una tarea le ayuda a encontrar más fácilmente las herramientas y estrategias para afrontarlo y realizarlo que cuando siente una desmotivación o frustración por la experiencia anteriormente vivida.

Figura 4.8. La motivación forma parte de las habilidades que componen la inteligencia emocional.

Las emociones en sí mismas son de por sí una fuente de motivación emocional, es decir, algunas emociones nos impulsan a realizar determinadas actividades y otras nos inhiben de realizarlas. Esto lo podemos ver de forma sencilla cuando se nos transmite un comentario positivo sobre algo que hemos hecho y nos produce alegría, satisfacción, orgullo, etc., lo que hace que queramos repetir la sensación y mantendremos las ganas y el interés por esa tarea.

De igual manera, sucede lo mismo, pero en dirección opuesta, si los comentarios recibidos son negativos o desmotivadores. No querremos repetir la experiencia y perderemos la intensidad y fuerza de nuestra motivación. De ahí que podamos decir que la motivación forma parte de la inteligencia emocional y de la gestión de nuestras emociones.

Teniendo esto en cuenta, cuando vamos a trabajar la inteligencia emocional con grupos de alumnos/as, es muy importante trabajar de forma positiva sobre la motivación del grupo. Desde este punto de vista, el/la formador/a debe plantearse tres objetivos principales:

- Generar interés en las tareas, propuestas o proyectos presentados al grupo.

- Dirigir y mantener el esfuerzo en el tiempo necesario para su ejecución.

- Lograr el objetivo prefijado. Para lo que previamente habrá tenido que seleccionar adecuadamente dichos objetivos, ciñéndose a las capacidades del grupo y no proponiéndoles objetivos que queden totalmente fuera de su alcance.

Al igual que ya hemos dicho varias veces en este contenido, cada persona se motiva de manera diferente, por lo que es necesario instruir y dirigir el aprendizaje de forma que cada alumno/a pueda encontrar la manera de motivarse y tener la habilidad suficiente para poder plantearse cómo motivar a otras personas a su alrededor.

ACTIVIDADES

A continuación, se presentan afirmaciones sobre la inteligencia emocional y la empatía. Indica si cada una de ellas es verdadera (V) o falsa (F).

1. **La inteligencia emocional es la capacidad para reconocer y manejar las emociones propias y ajenas.**

   (V) Verdadero

   (F) Falso

2. **El término de inteligencia emocional fue propuesto por primera vez por Daniel Goleman en 1995.**

   (V) Verdadero

   (F) Falso

3. **La empatía se refiere únicamente a la capacidad de compartir los sentimientos de otras personas sin entender sus perspectivas.**

   (V) Verdadero

   (F) Falso

4. **Salovey y Mayer identificaron cuatro áreas principales de la inteligencia emocional: identificación de emociones, uso de emociones, comprensión de emociones y manejo de emociones.**

   (V) Verdadero

   (F) Falso

5. **La empatía es la habilidad de sentir exactamente lo mismo que otra persona en cualquier situación.**

   (V) Verdadero

   (F) Falso

6. **Daniel Goleman considera que la autoconciencia es una habilidad fundamental dentro de la inteligencia emocional.**

   (V) Verdadero

   (F) Falso

7. **La simpatía y la empatía son términos intercambiables y significan lo mismo.**

   (V) Verdadero

   (F) Falso

8. El modelo original de Goleman para desarrollar la inteligencia emocional incluye la capacidad de automotivación.

(V) Verdadero

(F) Falso

9. Una persona con alta conciencia emocional no necesita comprender cómo sus sentimientos afectan su comportamiento.

(V) Verdadero

(F) Falso

10. La empatía implica procesos cognitivos que nos permiten entender las emociones de otras personas.

(V) Verdadero

(F) Falso

11. El control de las emociones no significa reprimirlas, sino regularlas para evitar consecuencias negativas.

(V) Verdadero

(F) Falso

12. La autoconciencia emocional es la habilidad de interpretar los mecanismos físicos, mentales y emocionales que operan en uno mismo.

(V) Verdadero

(F) Falso

13. La motivación emocional puede inhibir algunas actividades si la emoción es negativa.

(V) Verdadero

(F) Falso

14. Las personas con buena capacidad de conciencia emocional tienden a ignorar los vínculos entre sus sentimientos, pensamientos, palabras y acciones.

(V) Verdadero

(F) Falso

15. El autocontrol emocional está relacionado con moderar las reacciones emocionales ante cualquier situación.

(V) Verdadero

(F) Falso

16. La empatía no es necesaria para mantener relaciones interpersonales saludables.

(V) Verdadero

(F) Falso

17. El trabajo con la conciencia emocional debe involucrar tanto a alumnos como a docentes en el ámbito educativo.

(V) Verdadero

(F) Falso

18. La atención activa en la empatía se basa en observar y atender a lo que dice la otra persona de forma verbal y no verbal.

(V) Verdadero

(F) Falso

19. La motivación intrapersonal se refiere a la capacidad de motivar a otras personas.

(V) Verdadero

(F) Falso

20. Desarrollar la inteligencia emocional puede contribuir al éxito en diversas áreas de la vida, como en las relaciones personales y profesionales.

(V) Verdadero

(F) Falso

RESUMEN

La inteligencia emocional es la capacidad de reconocer y manejar las emociones propias y ajenas, una habilidad crucial tanto en la vida personal como profesional. Definida por Peter Salovey y John D. Mayer en 1990, y posteriormente popularizada por Daniel Goleman en 1995, la inteligencia emocional abarca una serie de competencias y habilidades clave: autoconciencia, autorregulación, empatía, habilidades sociales y automotivación.

La inteligencia emocional es fundamental para el éxito académico y profesional. Numerosos estudios han demostrado que las personas con alta inteligencia emocional tienden a tener mejor desempeño en sus trabajos, poseen habilidades de liderazgo más desarrolladas y tienen mayores niveles de satisfacción personal y profesional. Además, es crucial para el desarrollo de relaciones interpersonales sólidas, ya que facilita la comunicación efectiva y la resolución de conflictos.

El bienestar personal también está estrechamente ligado a la inteligencia emocional. Las personas que gestionan bien sus emociones suelen experimentar menos estrés, depresión y ansiedad, y gozan de una mejor salud mental y física. La capacidad de tomar decisiones informadas y equilibradas también es una manifestación de una alta inteligencia emocional.

Desarrollar la inteligencia emocional requiere una serie de estrategias prácticas:

- Mantener un diario emocional: escribir sobre nuestras emociones y reflexionar sobre ellas nos ayuda a comprender mejor nuestros patrones emocionales y cómo estos afectan nuestra vida diaria.

- Practicar la meditación: la meditación y la atención plena (*mindfulness*) nos enseñan a estar presentes en el momento y a observar nuestras emociones sin juzgarlas, lo que mejora nuestra autoconciencia y autorregulación.

- Establecer metas claras: definir objetivos específicos y alcanzables nos permite dirigir nuestras emociones hacia la consecución de estos, fortaleciendo nuestra automotivación.

- Practicar la comunicación asertiva: expresar nuestras emociones y necesidades de manera clara y respetuosa mejora nuestras habilidades sociales y ayuda a prevenir y resolver conflictos de manera constructiva.

La inteligencia emocional no solo enriquece nuestras relaciones y mejora nuestro desempeño en diferentes áreas de la vida, sino que también es esencial para nuestro bienestar general. Invertir en el desarrollo de estas habilidades nos permite vivir una vida más equilibrada, satisfactoria y exitosa.

ACTIVIDADES FINALES

TEST DE EVALUACIÓN

4.1. ¿Quiénes propusieron por primera vez el término de inteligencia emocional?

a) Daniel Goleman y Howard Gardner

b) Salovey y Mayer

c) Howard Gardner y Salovey

d) Mayer y Goleman

4.2. Según Salovey y Mayer, ¿cuál es una de las áreas que caracterizan la inteligencia emocional?

a) Motivación

b) Creatividad

c) Comprensión de las emociones

d) Comunicación

4.3. ¿Qué habilidad implica la capacidad para crear emociones y utilizarlas en la solución de problemas?

a) Autorregulación

b) Identificación de emociones

c) Uso de las emociones

d) Comprensión emocional

4.4. ¿Quién popularizó el término de inteligencia emocional en 1995?

a) Howard Gardner

b) Salovey

c) Mayer

d) Daniel Goleman

4.4. ¿Qué habilidad emocional no es mencionada por Goleman?

a) Autoconciencia

b) Control de las emociones

c) Automotivación

d) Creatividad

4.6. ¿Cuál es una de las características de las personas con una buena capacidad de conciencia emocional?

a) Ignoran sus sentimientos

b) Desconocen cómo sus emociones afectan su rendimiento

c) Tienen un conocimiento claro de sus valores y objetivos

d) No reconocen los sentimientos de los demás

4.7. La empatía es imprescindible para:

a) La creatividad

b) La resolución de problemas matemáticos

c) Comprender y saber qué sienten las demás personas

d) Mantener la distancia emocional

4.8. ¿Cuál es una característica de la empatía?

a) Implica perder la identidad propia

b) Consiste en estar de acuerdo en todo con otra persona

c) Es un proceso meramente emocional

d) Ayuda a desarrollar la comprensión de perspectivas ajenas

4.9. La empatía influye en:

a) Las habilidades deportivas

b) La toma de decisiones racionales

c) Las emociones de uno mismo y de los demás

d) La capacidad de mentir efectivamente

4.10. ¿Qué tipo de atención se basa en observar cómo se siente la otra persona y atender a lo que dice?

a) Atención cognitiva

b) Atención motora

c) Atención activa

d) Atención pasiva

4.11. Para trabajar la conciencia emocional en el ámbito educativo, es necesario:

a) Ignorar las emociones del profesorado

b) Que solo los alumnos adquieran esta capacidad

c) Que el docente adquiera también esta capacidad

d) Evitar cualquier tipo de modelo

4.12. La conciencia emocional implica:

a) Ignorar las relaciones entre sentimientos, pensamientos y comportamientos

b) No adquirir vocabulario de las emociones

c) Entender las relaciones entre sentimientos, pensamientos y comportamientos

d) Evitar el reconocimiento de los propios sentimientos

4.13. Una persona emocionalmente inteligente suele:

a) Experimentar más ansiedad

b) Tener mayor resiliencia frente a desafíos

c) Tener menos éxito académico

d) Evitar la empatía

4.14. La capacidad de manejar las emociones de forma inteligente se refiere a:

a) Identificación de emociones

b) Uso de las emociones

c) Manejo de las emociones

d) Comprensión emocional

4.15. ¿Qué habilidad está relacionada con establecer y mantener relaciones saludables?

a) Autorregulación

b) Empatía

c) Creatividad

d) Resolución de problemas

4.16. ¿Cuál no es una estrategia para desarrollar la autoconciencia emocional?

a) Mantener un diario emocional

b) Practicar la meditación

c) Ignorar los estados emocionales propios

d) Reflexionar sobre las emociones diarias

4.17. ¿Qué habilidad implica la capacidad de manejar las relaciones interpersonales de forma adecuada?

a) Automotivación

b) Habilidades sociales

c) Autoconciencia

d) Autorregulación

4.18. La inteligencia emocional contribuye al éxito profesional principalmente porque:

a) Permite manejar mejor el estrés y resolver conflictos constructivamente

b) Aumenta la capacidad de memorizar datos

c) Mejora la velocidad de lectura

d) Disminuye la necesidad de colaboración

4.19. ¿Qué componente mental de la empatía está relacionado con experimentar las emociones que siente el otro?

a) Atención activa

b) Atención cognitiva

c) Atención emotiva

d) Atención motora

4.20. ¿Cuál es una característica de las personas con alta inteligencia emocional en la toma de decisiones?

a) Son impulsivas

b) Son inconscientes de sus emociones

c) Toman decisiones más informadas y equilibradas

d) Ignoran las consecuencias de sus decisiones

5

Educación de la inteligencia emocional

La educación de la inteligencia emocional es el proceso que enseña y fomenta habilidades relacionadas con la identificación, comprensión, expresión y regulación de las emociones, tanto propias como ajenas. Este enfoque busca desarrollar competencias como la empatía, la autorregulación, la resolución de conflictos y la comunicación efectiva. En el contexto educativo, se convierte en una herramienta fundamental para preparar a las personas a enfrentar desafíos emocionales y establecer relaciones saludables en todos los ámbitos de la vida.

Contenido

La inteligencia emocional es una capacidad innata en todas las personas, sin embargo, no todas las personas la desarrollan de la misma forma ni en la misma cantidad, y, además, se compone de elementos muy diversos que han de ser trabajados de manera relativamente constante por la persona, a fin de mejorar y potenciar estas habilidades.

La educación de la inteligencia emocional y su inclusión dentro de los procesos de enseñanza-aprendizaje debería convertirse en uno de los principales objetivos del ámbito educativo, ya que de esta dependerán en gran medida las relaciones, habilidades sociales y otras emociones que se desarrollen en las personas desde que son niños/as hasta que lleguen a la adultez.

Tener la capacidad de identificar, conocer y reconocer las emociones propias es una de las competencias emocionales fundamentales sobre la cual se construyen el resto, incluyendo el control y manejo de las emociones. Si no somos capaces de poner palabras a lo que sentimos, no podremos expresar cómo nos sentimos. Si no conocemos las diferentes emociones y cómo pueden manifestarse en nosotros/as mismos/as, no podremos afrontarlas de forma efectiva en el momento en el que vuelvan a surgir en nuestras vidas.

Así pues, es necesario diferenciar entre conocer las emociones y saber controlarlas. En la medida en que la persona, cuando percibe que siente emociones positivas que le dan energía, fuerza y motivación para continuar adelante, tiende a buscar estrategias que le sirvan para repetir el resultado, y cuando percibe emociones negativas que la desestabilizan emocionalmente, tiende a actuar para cambiarlas o evitarlas, en función de cómo haya resuelto la situación a la que se ha enfrentado.

La cuestión es que, en ambos casos, generamos cambios en el área mental y cerebral, y en el ámbito comportamental para provocar los resultados que queremos conseguir.

Sin embargo, en ocasiones, esta actuación o respuesta que se da para intentar cambiar la emoción sentida o vivida no siempre se realiza de manera adecuada, lo que termina dando lugar a comportamientos inadecuados y poco sanos para la persona. No solo desde el punto de vista físico sino, sobre todo, mental.

Dado que la inteligencia emocional se puede practicar, entrenar y aprender, también podemos ayudar en el proceso de aprendizaje marcando algunas pautas apropiadas de comportamiento ante las diferentes emociones e ir incorporando estos comportamientos a distintos contextos de nuestra propia vida.

Figura 5.1. Inteligencia emocional.

Si no hay un seguimiento, una enseñanza, una práctica de estos factores, puede terminar dando lugar a problemas de comportamiento, como por ejemplo la agresividad o, en el extremo opuesto, la inhibición y la autocensura.

Para desarrollar la conciencia emocional es imprescindible disponer de palabras para denominar las emociones. Necesitamos del lenguaje para entender y entendernos. Esto parece lógico, pero al igual que los/as niños/as no nacen sabiendo el lenguaje ni el vocabulario de diferentes temáticas como animales, muebles, etc., también necesitan adquirir el vocabulario necesario para llamar a cada emoción por su nombre, saber su significado, los sentimientos que generan, y los comportamientos asociados a esa emoción.

Además, también podemos enseñar qué tipo de comportamientos pueden ser consecuencia de cada una de las emociones, e intentar detectar posibles comportamientos poco adecuados y prevenirlos. Sobre todo, porque sean perjudiciales para la persona o para las demás personas con las que convivimos. No hablamos aquí de «programar» o «decidir» qué está bien y qué está mal, hablamos sobre todo de conductas lesivas o autolesivas en cualquier aspecto o manera.

La idea principal es la de enseñar comportamientos alternativos que permitan a las personas (sobre todo niños/as y adolescentes) a tener una amplia gama de posibilidades ante una determinada situación y una determinada emoción, y puedan escoger la mejor opción en cada momento.

Basándose en lo anterior, el primer objetivo para la enseñanza de las emociones va a ser asegurarnos que las personas conocen el nombre de todas las emociones y saben identificarlas.

Figura 5.2. Rueda de emociones.

Un ejercicio que se puede realizar y que es muy sencillo de ejecutar es coger imáge-nes en las que se muestren caras con las diferentes emociones y proponer que se vaya poniendo el nombre de cada una de ellas debajo.

Cuando tratamos con los/as niños/as más pequeños/as, que todavía no leen ni es-criben, vamos a utilizar en especial el apoyo visual. Podemos realizar diferentes acti-vidades de imitación de emociones. Presentando imágenes que representen distintas emociones y pidiéndoles que imiten esa expresión, o también el/la docente, puede servir de modelo e ir modificando su expresión facial explicando qué emoción está interpretando y poniendo ejemplos de cuándo podemos sentir esa emoción.

Este último ejercicio también nos ayuda a trabajar el lenguaje corporal y la comuni-cación no verbal de la persona. Es decir, el hecho de que cada emoción produce una expresión facial y una postura distinta que no solo deben realizar, sino también reco-nocer en las demás personas. De esta manera, y de forma casi inconsciente, estamos trabajando sobre la empatía también.

Una vez que la persona conoce las emociones y sabe identificarlas, podremos pasar a su aplicación a diferentes situaciones. Podríamos enseñarle una situación con la que se sienta identificada, por ejemplo, una situación en clase, y ver cómo diferentes situaciones producen emociones distintas. Al utilizar estas emociones en las activi-dades de clase, también se pueden añadir posibles conductas que pueden resultar de sentir ciertas emociones, y así poder transmitir qué comportamientos y reacciones serían las más adecuadas en cada situación.

Figura 5.3. Un buen conocimiento sobre las emociones nos ayuda directamente sobre nuestro comportamiento y sobre nuestros pensamientos.

El objetivo principal de saber controlar las emociones es conseguir un equilibrio emocional. Esto no es sencillo ni sucede de la noche a la mañana, pero la práctica habitual y la incorporación del trabajo sobre las emociones dentro del aula favorecen la comprensión de las mismas y la capacidad de hablar y trabajar sobre ellas de forma natural. A fin de cuentas, buscamos un bienestar emocional para las personas que quieran trabajar sobre este tema.

Debemos tener en cuenta lo dicho anteriormente. Un buen conocimiento sobre las emociones y sobre la forma que tenemos para controlarlas y afrontarlas nos ayuda directamente sobre nuestro comportamiento y sobre nuestros pensamientos, lo que termina apoyándose también en nuestras reacciones e impulsos físicos. Si lo pensamos un segundo, todos los resultados que podemos obtener al trabajar la educación emocional en la enseñanza son positivos para todas las personas.

5.1. ¿Cómo podemos trabajar el manejo de emociones negativas?

Entre las formas de manejar las emociones negativas se encuentran la reestructuración cognitiva, las diferentes técnicas de relajación, el ejercicio físico, etc. Por tanto, tendremos que conocerlas para poder ofrecerlas en nuestros procesos de enseñanza-aprendizaje.

Uno de los aspectos más importantes para el control de las emociones que deberíamos trabajar siempre, independientemente de la edad de la persona, es la tolerancia a la frustración. A lo largo de toda nuestra vida, sentimos frustraciones que nos pueden llegar a bloquear si no sabemos llevarlas de la forma más apropiada posible, ni tenemos las herramientas mínimas necesarias para enfrentarlas adecuadamente.

Figura 5.4. Uno de los aspectos más importantes para el control de las emociones que deberíamos trabajar, es la tolerancia a la frustración.

Aprender a tolerar la frustración desde que somos pequeños/as nos permite enfrentarnos de forma positiva a las distintas situaciones que se nos irán presentando en la vida. La frustración es una vivencia emocional que se presenta cuando un deseo, un proyecto, una ilusión, una necesidad, etc., no se llegan a satisfacer o a cumplir. Esto puede producir emociones como el enfado, la tristeza, la ansiedad, la ira, etcétera.

Tolerar la frustración significa ser capaz de afrontar los problemas y limitaciones que nos encontramos a lo largo de la vida, a pesar de los problemas y malestares que puedan causarnos. Por lo tanto, se trata de una **actitud**, y como tal puede aprenderse, practicarse y desarrollarse.

En la vida de todas las personas, hay situaciones en las que conseguimos nuestros objetivos, deseos, etc., y otras en las que no. En la etapa infantil, los menores suelen pensar que el mundo gira a su alrededor, que lo merecen todo y que consiguen al momento lo que piden. No saben esperar porque no tienen desarrollado el concepto del tiempo ni la capacidad de pensar en los deseos y necesidades de los demás.

Es en este momento cuando hay que empezar a enseñar a tolerar la frustración. Si los/as progenitores/as siempre dan a sus hijos/as todo aquello que piden, estos/as no aprenderán a tolerar el malestar que provoca la frustración y a hacer frente a situaciones adversas. Por ello, en la edad adulta seguirán sintiéndose mal cada vez que no consigan aquello que se han propuesto y pueden tener reacciones emocionales desproporcionadas y desequilibradas.

Intentar complacer siempre a los/as niños/as y evitar que se sientan frustrados/as ante cualquier situación no favorece su desarrollo integral como persona, ya que cuando sean personas adultas deberán enfrentarse a circunstancias tanto de éxito, como de fracaso.

Existen teorías que defienden que, si no se enseña a los/as niños/as a aceptar los fracasos, es posible que desarrollen una actitud agresiva, problemas de ansiedad, etc., en su vida adulta. Así que algunas de las recomendaciones que podemos encontrar para trabajar estos aspectos en la edad infantil serían las siguientes:

- Ser ejemplo: la actitud positiva de progenitores/as y docentes a la hora de afrontar las situaciones adversas es el mejor ejemplo para que los menores aprendan a solventar sus problemas.

- Educar en la cultura del esfuerzo: es importante enseñar al niño/a que es necesario esforzarse para alcanzar los objetivos. Así aprenderán que el esfuerzo es, en muchas ocasiones, la mejor vía para resolver algunos de sus fracasos.

- No darle todo hecho: si se le facilita todo y no se le permite alcanzar sus retos por sí mismo es difícil que pueda equivocarse y aprender de sus errores para saber cómo enfrentarse al fracaso y mejorar.

- No ceder ante sus rabietas: las situaciones frustrantes derivan, en muchos casos, en rabietas. Si las personas adultas ceden ante ellas, el/la niño/a aprenderá que esa es la forma más efectiva de resolver los problemas y conseguir lo que quiere.

- Enseñarle a ser perseverante: la perseverancia y la práctica son esenciales para superar situaciones adversas.

- Marcarle objetivos que pueda alcanzar: hay que enseñar a tolerar la frustración poniéndole objetivos realistas y razonables, pero sin exigirle que se enfrente a situaciones que, por su edad o madurez, sea incapaz de superar. (Esto solo generaría mayor frustración aún).

- Convertir la frustración en aprendizaje: las situaciones problemáticas son una excelente oportunidad para que aprendamos cosas nuevas y las retengamos. De esta forma, podemos afrontar el problema por nosotros/as mismos cuando vuelve a presentarse.

Figura 5.5. La perseverancia y la práctica, son esenciales para superar situaciones adversas.

Por lo tanto, podemos ver que es cuestión de organizar el proceso de enseñanza para que vayan practicando y conociendo las diferentes emociones y cómo afrontarlas de la forma más adecuada posible.

Esto podemos aplicarlo a las técnicas de enseñanza sobre lo que es la motivación, cómo encontrarla, cómo mantenerla y cómo alimentarla. También con respecto a la empatía y por supuesto, con respecto al establecimiento de relaciones sociales que sean sanas para la persona.

La cuestión es que todo este proceso de enseñanza le sirva a la persona para resolver los problemas a los que se puede enfrentar desde el punto de vista emocional a lo largo de su vida.

Los autores Shure y Spivack desarrollaron una técnica de resolución de problemas eficiente para fomentar las habilidades de los/as niños/as de entre uno y seis años para pensar y resolver problemas de la vida diaria. Esta técnica consta de tres fases:

- Enseñar a los/as niños/as palabras y frases cortas que les ayude en su vida cotidiana a resolver pequeños problemas. Por ejemplo: «no me gusta...», «quiero...», etcétera.

- Se generan conversaciones con el /la niño/a con el apoyo de dibujos, películas o juguetes que le gusten para enseñarle que otros/as niños/as o que las personas adultas podemos sentir y pensar de forma diferente a como lo hagan ellos/as. Le transmitiremos que la mejor forma de saber cómo se sienten o qué les gusta a otras personas es atender a lo que hacen, escuchar qué dicen y preguntar lo que queramos conocer de ellos/as.

- A través de dibujos, juguetes o muñecos, podemos representar situaciones que ellos/as pueden resolver en su vida diaria. De esta manera, buscarán solución al problema de su muñeco, buscarán opciones, alternativas hasta que se llega a la solución de aquello que necesitan resolver por sí mismos/as.

Una vez que se han realizado las **tres fases,** sería bueno poner en práctica en la vida real las soluciones que el niño ha encontrado en el juego, para que pueda generalizar el juego a las situaciones de la vida cotidiana.

ACTIVIDADES

Completa las siguientes frases relacionadas con el tema que acabamos de tratar, utilizando las palabras adecuadas para reforzar los conceptos estudiados en el texto:

1. La _____ emocional es una capacidad innata que debe ser trabajada continuamente.

2. La formación en _____ emocional ayuda a identificar y gestionar emociones.

3. Para desarrollar la conciencia emocional, es necesario disponer de _____ para denominar las emociones.

4. La _____ a la frustración es esencial para manejar situaciones adversas.

5. Shure y Spivack desarrollaron una técnica de _____ de problemas para niños/as.

6. Enseñar a los/as niños/as a _____ y nombrar las emociones es fundamental en su formación emocional.

7. Las actividades de imitación de _____ ayudan a los/as niños/as a entender mejor sus propias emociones y las de los/as demás.

8. La perseverancia y la _____ son esenciales para superar situaciones adversas.

RESUMEN

La formación de la inteligencia emocional es fundamental para el desarrollo integral de las personas desde la niñez hasta la adultez. Esta capacidad innata debe ser trabajada continuamente para mejorar habilidades como el control y el manejo de las emociones. La formación en inteligencia emocional en los procesos de enseñanza-aprendizaje ayuda a identificar y gestionar emociones positivas y negativas, promoviendo un equilibrio emocional. Para ello, es esencial enseñar a los/as niños/as a conocer y nombrar las emociones, además de desarrollar la tolerancia a la frustración y la perseverancia. Se proponen ejercicios prácticos y técnicas, como los desarrollados por Shure y Spivack, para ayudar a los/as niños/as a resolver problemas cotidianos y aplicar estas habilidades en la vida real.

La importancia de la formación en inteligencia emocional radica en su capacidad para influir en diversos aspectos de la vida de las personas. Desde el desarrollo de relaciones interpersonales saludables hasta la mejora de la autoconciencia y la auto-eficacia, la inteligencia emocional es un componente clave para el bienestar general. Por ejemplo, al enseñar a los/as niños/as a identificar y nombrar sus emociones, se les está proporcionando una herramienta poderosa para la autocomprensión y la comunicación efectiva. Esta habilidad les permite expresar sus sentimientos de manera clara y constructiva, lo cual es crucial para evitar malentendidos y conflictos.

Además, el desarrollo de la tolerancia a la frustración es otro aspecto vital de la formación en inteligencia emocional. Los/as niños/as que aprenden a manejar la frustración de manera efectiva son más capaces de enfrentar desafíos y superar obstáculos sin rendirse. Esta capacidad de resiliencia es fundamental no solo para el éxito académico y profesional, sino también para el bienestar emocional. La perseverancia, por su parte, fomenta la determinación y la capacidad de mantener el esfuerzo a pesar de las dificultades. Ambas habilidades son esenciales para el desarrollo de una mentalidad de crecimiento, que es crucial para el aprendizaje continuo y la adaptación a los cambios a lo largo de la vida.

Las técnicas y ejercicios prácticos propuestos por Shure y Spivack son ejemplos de cómo se puede aplicar la educación en inteligencia emocional de manera efectiva. Estas técnicas incluyen actividades como la enseñanza de frases cortas y prácticas para resolver problemas cotidianos, lo cual ayuda a los/as niños/as a desarrollar habilidades de pensamiento crítico y resolución de problemas. Al practicar estas técnicas, los/as niños/as aprenden a abordar los desafíos de manera lógica y calmada, lo que reduce el estrés y la ansiedad asociados con situaciones difíciles.

La incorporación de la inteligencia emocional en los currículos educativos no solo beneficia a los/as niños/as, sino que también crea un ambiente de aprendizaje más positivo y colaborativo. Los educadores que integran la formación emocional en sus enseñanzas reportan una mayor participación y motivación de sus estudiantes, así como una mejora en el clima escolar general. Esto se debe a que los/as estudiantes que poseen una mayor inteligencia emocional son más empáticos/as, cooperativos/as y capaces de trabajar en equipo, lo que facilita un entorno de aprendizaje más armonioso y productivo.

La educación en inteligencia emocional es un componente esencial para el desarrollo integral de las personas. A través de la identificación y manejo de emociones, la tolerancia a la frustración y la perseverancia, y la aplicación de técnicas prácticas, se puede fomentar un equilibrio emocional que contribuya al bienestar general y al éxito en diversas áreas de la vida. Integrar esta formación en los procesos de enseñanza-aprendizaje es una inversión valiosa que produce beneficios a largo plazo tanto para los/as niños/as como para la sociedad en su conjunto.

ACTIVIDADES FINALES

5.1. ¿Qué es la inteligencia emocional según el texto?

a) Una capacidad que solo algunas personas pueden desarrollar

b) Una habilidad innata que todas las personas pueden mejorar

c) Una competencia exclusiva de la niñez

d) Una técnica para resolver problemas físicos

5.2. ¿Qué incluye la formación de la inteligencia emocional?

a) Solo el conocimiento de emociones negativas

b) El conocimiento y control de emociones positivas y negativas

c) Solo el control de emociones negativas

d) Solo el conocimiento de emociones positivas

5.3. ¿Por qué es importante incluir la formación en inteligencia emocional en el ámbito educativo?

a) Para que los/as niños/as aprendan a leer y escribir mejor

b) Para desarrollar relaciones, habilidades sociales y manejar emociones desde la niñez hasta la adultez

c) Para mejorar las habilidades deportivas

d) Para aprender a programar computadoras

5.4. Según el texto, ¿cuál es una de las competencias emocionales fundamentales?

a) La capacidad de controlar a otros/as

b) La habilidad de ignorar las emociones negativas

c) La capacidad de identificar, conocer y reconocer las emociones propias

d) La habilidad de evitar cualquier tipo de emoción

5.5. ¿Qué técnica desarrollaron Shure y Spivack para fomentar habilidades emocionales en niños/as?

a) Enseñar a resolver problemas matemáticos

b) Desarrollar la habilidad de escribir cuentos

d) Resolver problemas cotidianos a través de frases cortas y juegos

d) Enseñar a tocar instrumentos musicales

5.6. ¿Qué significa tolerar la frustración según el texto?

a) Evitar problemas y situaciones adversas

b) Ser capaz de afrontar problemas y limitaciones a pesar de los malestares

c) Ignorar los problemas hasta que desaparezcan

d) Buscar siempre la ayuda de otros para resolver problemas

5.7. ¿Qué pueden aprender los/as niños/as al conocer y nombrar las emociones?

a) A evitar las emociones negativas

b) A expresarse y entender sus propias emociones

c) A controlar a otros/as

d) A reprimir sus sentimientos

5.8. ¿Cuál es uno de los objetivos principales de saber controlar las emociones?

a) Conseguir un equilibrio emocional

b) Evitar cualquier tipo de emoción

c) Controlar a otros

d) Ser siempre feliz

5.9. ¿Cómo se puede enseñar a los/as niños/as a identificar las emociones según el texto?

a) Solo a través de ejercicios escritos

b) Mediante imágenes y actividades de imitación

c) Ignorando sus emociones

d) Solo a través de juegos de rol

5.10. ¿Qué es necesario para desarrollar la conciencia emocional?

a) Disponibilidad de palabras para nombrar emociones

b) Ignorar las emociones negativas

c) Conocer solo las emociones positivas

d) Controlar a otros/as

5.11. ¿Qué pueden provocar las situaciones frustrantes si no se gestionan adecuadamente?

a) Felicidad constante

b) Comportamientos inadecuados y poco sanos

c) Ignorancia de los problemas

d) Éxito inmediato

5.12. ¿Cuál es una recomendación para trabajar la tolerancia a la frustración en los/as niños/as?

a) Evitar que se sientan frustrados/as

b) Darles todo lo que pidan

c) Marcarles objetivos realistas y alcanzables

d) Ignorar sus sentimientos

5.13. ¿Qué es una vivencia emocional de frustración?

a) Una sensación positiva constante

b) Un deseo o necesidad no satisfecha

c) Una forma de controlar a otros

d) Un sentimiento de felicidad

5.14. ¿Por qué es importante la perseverancia en el manejo de emociones?

a) Para evitar cualquier tipo de emoción

b) Para superar situaciones adversas

c) Para controlar a otros/as

d) Para reprimir los sentimientos

5.15. ¿Qué papel juegan los/as progenitores/as en la enseñanza de la tolerancia a la frustración?

a) Ignorar los problemas de sus hijos/as

b) Ser un ejemplo positivo en afrontar situaciones adversas

c) Darles todo lo que pidan

d) Evitar que se sientan frustrados/as

5.16. ¿Qué se necesita para enfrentar adecuadamente la frustración?

a) Ignorar los problemas

b) Tener herramientas mínimas y adecuadas

c) Controlar a otros/as

d) Reprimir los sentimientos

5.17. ¿Cuál es el beneficio de enseñar comportamientos alternativos a los/as niños/as?

a) Controlar a otros/as

b) Tener una amplia gama de posibilidades ante diferentes situaciones

c) Evitar cualquier tipo de emoción

d) Ser siempre feliz

5.18. ¿Qué significa convertir la frustración en aprendizaje?

a) Ignorar los problemas

b) Aprender cosas nuevas y retenerlas

c) Controlar a otros/as

d) Reprimir los sentimientos

5.19. ¿Cuál es uno de los resultados de trabajar la inteligencia emocional en el aula?

a) Mejorar las habilidades deportivas

b) Favorecer la comprensión y capacidad de hablar sobre emociones

c) Ignorar las emociones negativas

d) Controlar a otros/as

5.20. ¿Cómo ayuda la inteligencia emocional a nuestro comportamiento?

a) Solo afecta a nuestras reacciones físicas

b) Ayuda a nuestro comportamiento y pensamientos

c) Solo mejora nuestras habilidades deportivas

d) Reprime nuestros sentimientos

GLOSARIO

Afectividad:

1. Conjunto de sentimientos y emociones de una persona.

2. Inclinación a sentir cariño y afecto.

Amígdala: cada una de las glándulas de la boca en forma de almendra. Se aplica también a estructuras situadas en la superficie inferior de los hemisferios cerebelosos y a uno de los núcleos grises situados en el vértice del lóbulo temporal.

Ansiedad:

1. Preocupación o inquietud causadas por la inseguridad o el temor, que puede llevar a la angustia.

2. Estado de intensa excitación y nerviosismo.

Aprendizaje emocional: proceso de aprendizaje asociado a conocer y gestionar las emociones para saber qué es lo que se siente, comprender cómo se siente y cómo regularse de forma autónoma progresivamente.

Asertividad: desarrollar un comportamiento comunicacional en el cual la persona no agrede ni se inhibe ante las intenciones de otras personas, sino que manifiesta sus convicciones y defiende sus derechos.

Autoconocimiento emocional: competencia asociada a la autoconciencia consistente en ser capaz de establecer una relación entre las experiencias emocionales propias y las señales que las identifican (retroalimentación emocional), para aprender a identificarlas y las consecuencias que estas pueden tener en el comportamiento.

Cerebro:

1. Parte del encéfalo constituida por una masa de tejido nervioso que se encuentra en la parte anterior y superior de la cabeza; se divide en dos hemisferios y se encarga, entre otras, de las funciones cognitivas.

2. Talento, capacidad de juicio o de entendimiento.

3. Persona que posee capacidad para desarrollar con facilidad y perfección actividades relacionadas con la cultura, la ciencia o la técnica.

4. Persona que piensa o dirige una acción.

Conciencia emocional: en el sentido de autoconciencia, sería la capacidad de darse cuenta de la emoción que se experimenta como propia.

Conciencia:

1. Conocimiento que el ser humano tiene de su propia existencia, del estado en que se encuentra y de lo que hace.
2. Facultad del ser humano para elaborar juicios personales de carácter moral y ético sobre lo que está bien y lo que está mal, con relación a sí mismo y a los demás.

Emocional:

1. De la emoción, las emociones o los sentimientos, o relacionado con ellos.
2. Que produce emoción o tiende a hacerlo. Que produce una reacción psicofisiológica representando las formas de adaptación a ciertos estímulos procedentes del contexto.

Empatía: capacidad de una persona para ponerse en el lugar de otra y compartir sus sentimientos, emociones, pensamientos y estados de ánimo.

Frustración:

1. Imposibilidad de satisfacer una necesidad física o un deseo.
2. Sentimiento de tristeza o dolor que provoca esta imposibilidad.

Habilidad: calidad de hábil.

Hábitos: manera de actuar adquirida por la repetición regular de un mismo tipo de acto o por el uso reiterado y regular de una cosa.

1. Facilidad para hacer una cosa que se adquiere con la práctica.
2. Vestimenta de los miembros de una orden religiosa.
3. Dependencia física o mental de una sustancia.

Inteligencia emocional: capacidad para reconocer, entender y manejar nuestras propias emociones y para reconocer, entender e influir en las emociones de los demás.

Motivación:

Estímulo que anima a una persona a mostrar interés por una cosa determinada.

Causa o razón que hace que una persona actúe de una manera determinada.

Neuroplasticidad: capacidad del cerebro para reorganizarse, tanto en su estructura como en su función, en respuesta a la experiencia y el aprendizaje.

Resiliencia: capacidad para adaptarse y recuperarse frente a situaciones adversas o de estrés.

Regulación emocional: capacidad para gestionar y responder a una experiencia emocional de una manera adaptativa y socialmente adecuada.

Responsabilidad: capacidad de una persona para tomar decisiones de manera consciente y aceptar las consecuencias de sus actos.

Retroalimentación emocional: proceso mediante el cual las experiencias emocionales propias son reconocidas, evaluadas y modificadas en función de las señales internas y externas que se perciben.

Seguridad emocional: sensación de confianza y estabilidad en la propia capacidad para enfrentar situaciones emocionales de manera adecuada.

Tálamo:
1. Lecho nupcial.
2. Zona del encéfalo que se encuentra en el centro de la base del cerebro, entre ambos hemisferios y está constituida por dos masas esféricas de tejido nervioso gris y que inciden en la regulación de la actividad de los sentidos.

Tolerancia a la frustración: capacidad para retrasar temporalmente la satisfacción de necesidades inmediatas y de reaccionar con calma ante situaciones frustrantes, así como de mantener el control suficiente que impida respuestas impulsivas o violentas.

Valores: conjunto de principios y normas que guían la conducta y la toma de decisiones, basados en creencias personales y culturales sobre lo que es importante y valioso en la vida.

Vínculo afectivo: relación emocional profunda y duradera que se establece entre personas, caracterizada por el cariño, el afecto y la conexión emocional.

Bibliografía

- Goleman, D. *Inteligencia emocional*, Editorial Kairós S. A., 1996.

- Gardner, H. *Inteligencias múltiples: la teoría en la práctica*, Ediciones Paidós, 2011.

- Bisquerra Alzina, R. *Educación emocional y bienestar*, Editorial Praxis, 2000.

- Adam, E.; Cela, J.; Codina, M. T.; Darder, P.; Díez de Ulzurrun, A.; Fuentes, M.; Gómez Bruguera, J.; Lombart, C.; López Juncosa, M.; Mallofré, M.; Masegosa, A.; Martí, J.; Ortega, R.; Palou, S.; Roselló, R.; Royo, M.; Sol, N.; Talavera, M.; Traveset, M. *Emociones y educación. Qué son y cómo intervenir desde la escuela*, Editorial Laboratorio Educativo GRAÓ, 2003.

- Del Barrio, Mª V. *Emociones infantiles. Evolución, evaluación y prevención*, Editorial Pirámides, 2005.

- Conangla, M. M. *Crisis emocionales. La inteligencia emocional aplicada a situaciones límite*, Amat Editorial, 2004.

- Vivas, M.; Gallego, D.; González, B. *Educar las emociones*, Dykinson S. L., 2007.